史上最有梗的東方魔法書

奇幻深遠的道門咒語

A某 著

目錄

天蓬品 第二

真一品 第三

保養品 第四

好睡品 第五

斜槓品 第六

目錄

推薦序

李游坤
臺北府城隍廟法務住持、基隆指玄宮廟務委員會主委、
丹心宗壇道師 李玄正

在這個快節奏的現代生活中，我們常常需要一些特別的力量來應對挑戰和壓力。

正是在這樣高張力的時代，A某的《史上最有梗的東方魔法書》猶如一股溫潤的清泉，緩緩流入了我們的眼簾。在這本書中，A某不僅深入解析了道教古老的咒語，更將它們活潑地融入到了我們的日常生活之中。

閱讀這本《史上最有梗的東方魔法書》，你將超越時間與空間，探索傳說中的

故事，以及流傳了千年的祕密咒語，它們不僅是一種祈禱，更是通往內心平靜與力量的橋梁。

我由衷地為這位心靈純淨且富有創造力的弟子感到開心，無論你是想追求內心平靜，還是想對古代道教有更多的認識，這本書都會成為你最好的夥伴和指南。

山中品

第一

故事是這樣開始的……

敝人A某，是一個不務正業又愛講故事的命理師。

從小我就對玄學有著濃厚的興趣，不論是陰陽五行、九宮八卦，乃至於佛學、道法等等，這些事情彷佛天生就吸引著我[1]。

印象之中，最早接觸的的長咒就是大悲咒，這是一個在台灣流行相當廣泛的咒語。當我第一次學會背誦它時，感覺一切是那麼地自然而然。

當然，那時候的我不會知道這只是個開端。

那時，我十二歲。

及至成人，我在東北方的山里隱居了一陣子。

正是那段時間裡，我逐步地完善了對於命理的學習架構。在這個漫長的學習過程中呢，也加深了我對古文的閱讀習慣[2]，再漸漸進化成了喜愛，弄到後來，我每日裡最大的樂趣就是爬文——爬各式各樣的古文。

1. 當然那時候太小，很多理論還看不懂喔。

2. 本來就滿喜歡閱讀了 ww。

然而命理一途，不論是我主習的四柱八字，或者是傳自宋代的紫微斗數[3]，都不可避免地會與道門產生連結，再加上我這麼個沒藥醫的爬文病，於是在爬命理古文的同時，也順帶地吃下了不少道門典籍。

其實還蠻快樂的ww。

前面說到了，我曾於山區隱居一陣子，那段時間常常有著上山下山的過程。上山主要是為了看風景，還有幹些鍛鍊心性的事情；而下山呢，自然就是採買日常所需，我們說的人間烟火氣嘛。

可有時下山得晚，天色前五分鐘還是堪稱明亮的微黃，一轉眼就漆黑得很徹底喔。這對一個膽子不大的命理師來說，那種黑嚕嚕的山路不得不說還是很有壓力的。

引爆點是有次在PTT的媽佛版[4]上看了個故事，那故事大意是說，有個人在晚間的山路行駛時，不知道是鐵齒還是幹了什麼事情，就遇到了類似鬼打牆的情況，明明很熟的路就是硬生生開了好久出不去喔，到後來連車子裡的導航聲音都變了，路上的箭頭指標也變成紅色、方向亂改等等。

3. 相傳紫微斗數的創始者就是宋代著名的道人：陳摶。

4. PTT，又稱批踢踢，是一個非常著名的電子佈告欄（BBS）。

好在那條路是真的夠熟，那個人最後一刻突然警醒，沒有跟著導航還有錯亂的路標指引行駛，而是憑著自己的肌肉記憶在濃霧裡轉了相反的方向。

這時候導航傳來了一聲：「好可惜啊……」

而後照鏡中看過去，原本的行駛路線上是一個遭衝破損壞的護欄缺口，缺口之下就是高十幾層樓的山坡。

實在是驚出一身冷汗喔。我是說我自己。

尤其是想到了常常上山下山的那條山路，跟入夜之後那黑漆漆的模樣，還有路旁星羅棋佈的墓仔埔，阿娘喂，心臟實在是很有些不舒服。

而這種不舒服，卻又反過來刺激了我的求知慾，於是我關掉了ＰＴＴ，開始爬文。

陶真人曰：

在爬文技能的加持下，還真讓我爬到了這麼一則記載（以下附翻譯）：

這個陶真人是當年上清派著名的掌門人喔，掌門的職位在當時又稱作「宗師」，而這位陶真人就是連皇帝請吃飯都不去的大宗師陶弘景。

這邊容我打岔一下，當年的南朝齊帝蕭道成，非常非常欣賞陶弘景，幾度邀他出來當官，可是人家陶大大要修道啊，就不肯喔。

但一方面為了顧及皇帝的面子，也不好拒絕得太強硬嘛，於是陶宗師寫了這首著名的回信：

「山中何所有？嶺上多白雲。」

「只可自怡悅，不堪持贈君。」

意思是你問我山裡有什麼？我跟你說啊，山裡什麼都沒有，就是白雲很多。

（按：既然什麼都沒有，當然也沒有朝廷裡那些垃圾事啦）

可是這些白雲呢，我只能自己欣賞啊，這個時代沒有 LINE，我也沒辦法錄影分享給你看喔。

（按：所以你要找我泡茶聊天，就自個上山來吧，別老想著拐我下山顆顆。）

從這裡的語氣就可以看出陶宗師在當時的聲望跟成就，實在是有夠大尾。

吾昔於天台學道未成就，常為山鬼所擾，見形露體，互來驚怖。

這邊陶宗師說啦，我當年在天台山修練的時候，等級不夠還很菜嘛，就有一些山精鬼魅很愛來鬧我，怎麼鬧呢？

常常直接在我眼前現形，有的還直接暴露下體喔，意圖用這種方式來驚嚇我。很可能也確實有被嚇到幾次，所以下一句他說：

吾常聞此道，未嘗行之。

我曾聽說過「這個方法」，但一直沒機會試試看。既然你們都送上門來了……

依法戒行七日訖

我就依照記載中的方式，去刷怪刷了整整七天。

因經行所居之處，去室百步外，見血流遍地，屍臭盈谷。

後來我在山上結廬修練的地方，大概百步以外之處呢，經過時看到了滿地是血的情境喔，同時空氣中有著腐爛的臭味。我本來想打電話通知環保局來清，就聽到了：

聞有人哭聲，詞理哀切。

有好像人的哭聲，哭得超級悲傷，撕心裂肺了都，哭得我都想幫他拍拍喔（？）

云：陶弘景，陶弘景

哭聲中是到底在哭什麼呢？

陶弘景！陶弘景！

咦？這不是在喊我的名字嗎？

長輩說，在荒郊野外聽到人家喊名字的話不可以回頭喔，於是我就靜靜地站在那裡聽著他哭。

奪我居止，傷我性命。自後，更不復高聲。

奪走了我的修行之處，又傷害了我的性命啊啊啊啊！到了後面的那個啊字，已經只剩下回音了，再後來就聽不太到聲音了。

持誦之久，如與百神同遊，長生可取。

這段故事的最後，陶真人作了個小結‥長期持誦的話，就像有很多神級保鑣跟著出門一樣，對於修練長生相當有幫助。

「攻擊力這麼神啊……」我不禁掩卷嚮往之。

於是後來的日子裡，我開始了第一次的道門咒語自修，但在這個階段的自修還只是出於純粹的求知慾喔。

畢竟道教咒語之多，猶如繁星，可為什麼我從小好像只聽過佛門的咒語呢？譬如大悲咒、往生咒、七佛滅罪真言、準提咒……等等，可是我們的生活中，明明充滿了玄天上帝、玉皇大帝、媽祖、關聖等等道教廟宇呀，那麼那些道門咒語呢？

如果有機會的話，是不是也能整理出一些能常用上的道門咒語？這是伴隨著自修過程中冒出來的念頭，但此時它也就只是個念頭。

不知道是真的有所謂的感應還是怎樣，推動著我繼續深入學習這些古老咒語的契機，很快地就來了……

第一次自修就出事啦！

自修這門咒語約莫數週之後，在一次下山的路途中，我因為跟人聊天耽擱了一下，天很快就黑了。我沿著山路往下騎，準備去山下的全聯買些吃的，沿路盡是熟悉的彎道、熟悉的坡度、熟悉的墓仔埔。

嗯？熟悉的墓仔埔？

那天不知道是因為山路實在昏暗還是怎麼樣，我一路上就一直隱隱約約有點警戒心，一直到經過那一小片公墓時，心中好像微微動了一下，便已經下意識地誦出咒來：

「天蓬天蓬，九元煞童」

「五丁都司、高刁北翁」

等等等等，記載中這咒的侵略性很強，在外面不適合輕易念誦啊！我心裡剛回過神來，嘴上卻已經唸出這前四句了。

接下來發生的事情其實也沒很驚悚（事後回想啦），但在當時那個氛圍下，膀胱感覺差點就鎖不住了。

機車大燈開始自己閃起來了。

還是那種隱隱約約地、富含規律性地——

亮起、熄滅、亮起、熄滅、亮起、熄滅、亮起、熄滅、亮起、熄滅、亮起、熄滅、亮起、熄滅、亮起、熄滅、亮起、熄滅、閃爍，亮起、熄滅、亮起、熄滅、亮起、熄滅（無限loop）

就這樣香香夕夕[5]了整整六公里。

那段路的路燈非常稀少[6]，偏僻山區嘛。所以當大燈亮起時，眼前又白又亮；可當下一秒大燈熄滅時，馬上就又瞬間致盲，好一個時速60公里UP的移動搖滾區。

我手緊緊攢著油門手把，不敢停，根本不敢停，心裡是滿滿的阿娘喂阿娘喂阿娘喂阿娘喂QQ[7]，還有各種問號。

靠北[8]這樣子就打擾到「人家」了嗎？

靠北我的母胎麻瓜被打破了嗎？

5. 閃爍的意思，台語。

6. 跟日本進口的壓縮機一樣稀少。

7. QQ是哭臉的意思，在這裡代表實在有夠怕怕。

8. 那種狀況下尿沒閃出來就不錯了，真的抑制不住腦袋裡一整串有如雷震的靠北聲喔。

靠北我現在到底是要繼續念，還是不要繼續念Q□Q？？？

那一整段山路上，我就像是個偷偷騎車出門兜風結果不小心肇事的未成年屁孩，帶著一張青筍筍的臉跟滿頭大汗惶然逃離現場，也不知道究竟是怎麼樣騎到的山下小鎮。

「可能只是燈泡壞了吧？」

一直到把車子騎進了熟識的機車行，我下意識地還是想忽略掉一路上的奇怪閃爍。給老闆檢查看看再說咩，或許真的只是物理傷害、不是魔法攻擊？

檢查結果：一切正常。

老闆為了證明燈泡正常，把燈泡轉下來又裝回去、再轉下來再裝回去，來回測試了兩次後，用一臉「我沒說錯吧！」的表情看著我。最後連我堅持要付錢更換的要求都打槍了，理由是燈泡沒壞，他不收錢[9]，也不做那種明明沒壞的零件硬要換掉的工，不收就是不收，錢要督給他都不收[10]。

9. 一位真的很有個性的老闆。

10. 是也沒多少啦，幾十塊的事情 XD

這次經歷之後，我心中的某些舊有結構感覺就像那顆燈泡，外表上看起來好像都一樣，但實際上又似乎有些地方完全不一樣了[11]。

不得不說，生活在現代的我們，**已知**的東西確實很多，但那並不代表我們就真的已經是**全知**喔。如果陰陽真的相倚，那麼在科技昌盛的「陽面」以外，會不會也還有一個仍然充滿濃霧的「陰面」呢？

於是在命理之餘，我開始了對道法的學習。我就是真的很好奇，那些符號跟咒語到底是怎麼一回事？

正如同我曾經好奇陰陽五行，為什麼可以用來推算命運。我也期待這些道法，可以如同當年學習命理一樣，折服那個曾經鐵齒的我。

於是就在這些自學與尋師的過程中，才有了這本道法筆記，也就是各位手中的東方魔法書。

歡迎一起進入……這個奇幻而深遠的世界ｗｗｗ。

11. 畢竟是顆附魔的燈泡了啊……。BTW，那顆燈泡後來我又用了一年多，不曾回來過再閃爍過，也是有夠玄學。

天蓬品

第二

貫穿道教神話的天蓬宇宙

在《山中品》，我們還沒有把那傳說中的咒語——天蓬咒給講完，但要聊到天蓬咒的咒語本文，就勢必得先講到這位實際貫串了歷代道門的大神：天蓬神。

從天蓬神信仰的起源，到道教男團 TOP 1 的北極四聖；再鏡頭一抬，從浩瀚星空中的北斗信仰，來到斗母元君 AKA 摩利支天與二師兄形象的交織誤會。

直到這裡，才總算是把天蓬神的來歷給說完了。

而涵括範圍這麼廣的人物關係網，其影響力自然也不可能僅僅限於宗教信仰一隅喔，舉凡從人間王朝的興衰起落，乃至古人的小說寫作，再到現代的各種延伸媒體，譬如電視劇、電影、二創等等，通通都有天蓬神與其他四聖團員的影子在內。

橫跨了這許多朝代與這麼多面向的一位道教戰神史，堪稱是個天蓬宇宙喔。

這些跟天蓬宇宙相關的故事們，即是本篇《天蓬品》所想要聊聊的內容。

北極四聖來也——紫微星主與祂的天團！

早在遠古時期，人類就注意到天穹的西北方有一顆幾乎不會變動的星，由於處在北天的極高處，我們就稱之為北極星，又一稱為紫微星。由於所有的星辰都是圍繞著祂旋轉，紫微星在天上便象徵了統領萬星的星主，在地上則對應著統領國家的君王，因此，也被稱為帝星。

而天蓬神，即是以紫微大帝麾下**頭號戰神**的身分而受到崇奉的。畢竟紫微星主的身分很高貴、心理距離很遙遠嘛，也不可能什麼事情都讓祂自己動手 DIY 喔，所以麾下有了負責執行號令的大神也很合情合理。

在後來的歲月裡，這位天蓬大神又逐漸與另外三位神祇形成了信仰組合。這個風靡道教的偶像團體，因為是北極紫微星君的得力戰將，我們遂稱之為：「北極四聖」。

四聖之首，正是天蓬。

另外三位則依序是天猷神、黑煞神（AKA翊聖真君）與真武神（AKA佑聖真君）。

乍看之下有點難記喔，但其實也沒那麼難記，且待我將他們的故事……娓娓道來。

快！快打卡念天蓬咒——孫元會的逃亡記

在三國時代，天蓬神的信仰便已經出現了，而最早關於天蓬信仰的記載[12]中是這麼說的（附翻譯）：

12.《道教靈驗記》唐末著名道士杜光庭編撰，共十五卷。

孫元會者，吳後主皓之子

諸位有玩過三國群英傳的話，應該都知道江東之虎孫堅吧？（沒玩過也沒關係，現在知道了哈哈）

孫堅走後傳位給孫策，孫策又傳孫權。孫權退場之後的吳國進入了一段宮鬥時期喔，一直鬥到隔壁那個姓劉的鄰居都給滅了，這時候孫權的孫子——孫皓上位啦。

但是這裡要說的不是孫皓的故事喔，而是他眾多兒子之一的孫元會的故事。

自幼稚之歲，遇道士。教誦天蓬咒

我們元會在小時候呢，曾經偶遇一位道士。道士教他背誦天蓬神的咒語。當年看到這段記載時，我就深深覺得那位道長也是個狠角色喔。

孫元會的年紀還這麼小，就給他背誦這麼落落長的咒語（等等看到咒語本文的時候，各位就知道那道士有多狠了ＷＷ），完全沒在考慮人家背不背得住餒。

爾後，等閑未忘持念

但是呢，等到元會背誦起來之後，並沒有就此拋諸腦後，反而還常常拿出來按循環撥放喔，算是持咒持得很認真。

洎後主降晉，枝葉悉皆淪落，獨餘元會一人

直到孫皓投降了晉朝，東吳孫家的後代死的死、傷的傷，僥倖活下來的也逐漸凋零，到後來就只剩下孫元會一人了。

臨難之時，不覺踴身飛到絕嶺之上，彼外人無能追逐

在那個戰亂的時代背景下，估計孫元會也曾經被晉朝軍隊搜捕，就在快要挫屎大難臨頭的時候，唰地一下，很快嗷！

元會竟然飛上了一般人攀爬不上去的絕嶺（還是其實是他腎上腺素發作，抓狂爬上去的……？），結果那些軍隊竟然都沒辦法繼續追捕他。

因於嶺上，見一醴泉，俯欲飲之，忽然照見空中天蓬大將軍與部眾等護衛

就在那個嶺上，元會發現了一池泉水。照說被追趕得痞痞窟[13]，一定是渴爆了，於是元會趴下來捧了一口水喝。

結果從水中的倒影內，元會竟看到了滿天的兵馬旌旗，還有自己念了幾十年的天蓬咒的主神——天蓬大神。

天蓬大神跟祂的部眾們是來做什麼的呢？是來護衛元會的。

13. 形容很喘的樣子，台語。

> **己身於玆脫難，元會轉加篤信**

元會在天蓬大將的保護下得以脫離險境，此後他對天蓬大神心服口服，更加的虔信。（按：換作是我也一樣啦！）

> **歲久居山，以至得道矣。**

後來元會長久地住在山中，最後得道而去了。

從這個記載中我們可以發現，除了陶弘景宗師在筆記中強調的**殺傷力**之外，天蓬咒也有很強大的**排憂解難**，以及**輔助修練**的功能（以至得道）喔。

而在三國時代隨著東吳政權的陷落正式宣告結束之後，我們來到了司馬家主導的晉朝。再後來晉朝經歷了八王之亂，然後緊接著又開啟了五胡亂華副本，眼看北方一片糜爛，是真待不下去了，皇室與北方氏族又開始衣冠南渡。

南渡後的東晉，在北府兵創下了以少勝多的人類戰爭史紀錄（八萬打一百萬）之後，也亡在了劉裕手上。關於這位前北府兵統帥的傳奇故事，我們有機會再另闢專文聊聊。

於是我們一眨眼就來到了南北朝。

為什麼還要特地提到南北朝呢？因為伴隨著南朝最強道人，AKA 上清派宗師陶弘景的橫空出世，以及其作品《真誥》的流傳，天蓬神咒再次出現在了世人面前。

陶弘景宗師是怎麼說的？

鬼有三被此祝者，眼精目爛，而身即死矣。此上神祝，皆斬鬼之司名，北帝秘其道。若世人得此法，恒能行之，便不死之道也。

「鬼有三被此祝者，眼精目爛，而身即死矣。」你看這個咒語有多派[14]就好。被對著誦咒三次就怎麼樣？

14. 台語形容很兇的意思。

阿飄直接眼睛脫窗喔，脫窗以後這阿飄也就沒了。

「此上神祝，皆斬鬼之司名，北帝秘其道。」這個咒語是上神，也就是我們說大神之間流傳的咒語；北帝，則是指北極星的星君，亦即紫微大帝，而這個咒語是紫微大帝的祕密法門，當時只在少數道門精英或隱士之間，隱密地流傳喔。

「若世人得此法，恒能行之，便不死之道也。」這裡說的不死之道與長生之道不同，長生之道是說修練了以後，可以活很久不會翹辮子喔；而不死之道的意思是不受橫死與災難的侵擾，意即長期精誠地修煉這個咒語，可以擁有卻災避難的功效，這一點，看看孫元會的故事應該就很清楚了。

而在陶弘景宗師的記載之後，天蓬系的法門與信仰一路紅到唐末宋初，整整又傳了四百多年的漫長歲月（這一段後來衍生出北帝派），加上前面從三國時代到南北朝的一百七十年，至此，天蓬信仰已經橫跨四個朝代，整整留世逾六百年矣。

猛得一逼。

一直到了宋初的開寶年間，正值趙大、趙二這兩兄弟權力移轉之際，才漸漸地由四聖當中的翊聖真君（黑煞神），站上了天團的C位。

我們接著來聊聊這位，北極四聖中的趙宋皇家家神——翊聖保德黑煞真君。

北極四聖之——翊聖真君

宋朝開國之初，我們趙大——趙匡胤太祖皇帝還在忙著做兵權回收工作[15]的當口，遠在千里之外的陝西鳳翔府，卻有一名神祇降在了村民家中。那位村民，叫做張守真。

至於為什麼選擇降在張守真的家中呢？據宋代承議郎李攸在其著作[16]中的說法，是因為：

「非棲真之士，無以奉吾教，守真有異骨，吾故降之。」意思是，如果不是心性棲止於修行的人，是沒辦法奉行我的教導的，我看這位守真哥，這個……骨骼清

15. 杯酒釋兵權事件。

16.《宋朝事實》原六十卷，已佚，今本二十卷是清人從《永樂大典》中輯出。是一部有史料價值的宋人著作。（維基百科）

奇，異於常人喔，於是我就降到他家去啦。

那麼這位神祇是誰呢？祂自稱黑煞將軍、天之尊神，聽起來超猛，實際上也真的超猛。自「神降」之後，張守真在自家隔壁蓋了個小廟，叫做北帝宮，主神就是這位黑煞神。在這期間，黑煞神屢顯靈跡，每次守真在壇場祈禱，黑煞神都會給予回應。

「所言禍福，皆驗。」但凡黑煞神所預言的吉凶，回頭看都會成真（某命理師表示羨慕）；「自爾多有徵驗，不能備記」靈驗的事情實在太多了，多到非但難以全部記錄下來（那年頭還沒有印表機），甚至連當時的晉王——趙二趙匡義都被驚動了。

這裡我想補充一下，在後來的記載當中，除了這位張守真能夠主動見聞到黑煞神的神示並且傳遞給人間，其他諸如內侍、監宮、大臣等等，都是被動性地受到黑煞神的神降，這也替「守真神降」事件添加了不少爭議就是，此處先表過不提。

於是晉王派來了祭祀隊伍。

「方在晉邸，頗聞靈應，乃遣近侍齎信幣、香燭就宮致醮。」當時晉王還在藩王官邸，很常聽說這個黑煞神的靈驗，就派親信帶了香油錢、燈燭等等去北帝宮拜拜喔。使者到了廟裡之後怎麼說呢？

「晉王久欽靈異，敬備俸緡，增修殿宇，仍表乞敕賜宮名。」我家大王啊常常聽說神明的事跡，覺得相當欽仰！準備了**億些些**香油錢想要抖內，並幫大神增修宮殿，但是不知道這個新廟的命名，神明有沒有什麼想法呀？

結果神明真的又降下了，不過當然還是透過張守真的嘴巴說出來的：

「真君曰：吾將來運值太平君、宋朝第二主，修上清太平宮。」神明說啦，我將來會遇到一位太平盛世的國君，也就是大宋的第二個主人，來幫我修一座宮殿，宮殿名為……**上清太平宮**。

「自有時日，不可容易而言。但為吾啟大王，言此宮觀上天已定增建年月也，今猶未可。」但是這個修建宮殿的大事呢，在天界的行事曆上自有註定的日期，我現在不能隨便洩漏。但你回去幫我跟晉王說，上天雖然已經訂定時間了，可時間還沒到，我知道你很急，但你先別急。

「使者歸以聞，太宗驚異而止。」使者就把神明的原話帶回去了，晉王（後來的太宗）聽了以後很驚訝，就先停下了蓋宮殿的打算。

然而這件事情後來不知怎地，竟然就傳到了皇宮裡頭，被我們趙大給知道啦，可是趙大對這個黑煞神顯然是不大信的。

「太祖皇帝素聞之，未甚信異。」太祖皇帝就是我們趙大，他也常常聽到這些事跡，可不但沒什麼感覺，估計還有些鐵齒的心理喔，在一次召見張守真的過程中，趙大做了什麼呢？

「召小黃門，長嘯于側」小黃門就是小宦官，這裡趙大找了些小宦官來，故意讓他們在一旁大喊大叫。

「謂守真曰：神人之言，若此乎？」然後跟守真說，那位神人講話是不是像這樣啊（燦笑）？

這邊補充一下，在同為宋人編撰的《續資治通鑑長編》中，黑煞神確實有**聲如嬰兒**的記載，估計這個特色也被趙大所聽聞了，才會有這種類似虧祂的的舉動。

那麼我們守真先生也很硬頸喔，當場就抗議啦：

「陛下倘謂臣妖言，乞賜案驗，戮臣于市，勿以斯言褻瀆上聖。」意思是皇帝大大，你如果覺得我是在妖言惑眾，你大可以讓法院審理我，依照證據判案定罪，就算把我定了死罪拉到菜市口槍斃，我也沒差喔，但不必這樣侮辱我的信仰啊！

「須臾，真君降言曰」結果過了一下子，黑煞大神下來了，祂讓張守真傳話喔。

「安得使小兒呼嘯，以鄙吾言，斯為不可。」讓小朋友在這邊鬼叫，用這種方式來貶損我（黑煞神），我看你是很母湯喔。

「汝但說與官家，言天上宮闕已成，玉巢開，晉王有仁心。」你去跟皇帝（宋代時，皇帝又雅稱官家）說，說天上的宮殿已經蓋好了，這個玉巢一說玉鎖，就是我們現代話說的**居家智能門鎖**之類，已經幫他設定好了，可以準備辦入住了喔。喔對了，另外幫我跟他交代一下，晉王這人不錯，有仁慈之心。

阿娘喂，在那個君權至上的時代背景之下，這種近似於大逆不道的話，我不知道張守真哪來的勇氣，真的敢對著趙匡胤講出去喔。但從後來的記載中觀之，他應該是確實轉述了。

「上聞其言，即夜召晉王，屬以後事。」趙大聽完以後，也不敢鐵齒了，當天晚上就急召晉王趙二入宮討論後事。

「翌日，太祖升遐，太宗嗣位。」隔天，趙大趙匡胤就沒了，趙二趙匡義登基繼位，是為宋太宗。

當然，關於趙大駕崩之謎以及圍繞著的相關故事實在太多了，除了歷史系常常聊到的燭影斧聲之外，本篇的黑煞神傳說也是曾經流行於宋代的版本。除此之外還有說好色的趙二為了孟昶妃子殺人的（對，就是我們在限時動態中聊過的《九天生神章》故事中的那個蜀後主孟昶），或者真無道人的超前預言等等。

有機會的話我們再在 Instagram 上，逐一發文來聊聊。

回來黑煞神。

在趙二登基成為宋太宗之後呢，黑煞神依然是太宗家最信任也最崇奉的大神喔。有一次宋太宗想為祂加封號，也就是我們後世常稱呼的「**翊聖**」，然而黑煞大神是怎麼回應的？

「汝當上問官家，所言翊聖者，翊何聖？」你（守真）去問問你們家皇上，他說的翊聖，是翊哪個聖？

（按：在古文中的「翊」字有輔佐的意思，所以翊聖，也就是**輔佐某位聖者**。這裡黑煞大神的意思是，既然皇帝要封我為**輔佐某聖**的封號，那麼那個某聖，究竟是某神聖，還是某聖人呀？）

換句話說，你是不是想吃我豆腐啊？

「守真數日疑懼不敢答。」守真先生傻眼喔，過了好多天都不敢寫奏章去皇宮提問。你讓我問這個，是不是覺得我腦袋黏得很牢QQ？這是能隨便反問皇上的問題嗎？

「復降言曰：汝但馳奏，官家不罪汝。」結果黑煞大神又神降啦，這次祂跟守真先生說，你就安心地把公文送上去，沒事的真的，我保證官家不會怪罪你。既然大神都這麼說啦，守真也就咬著牙，把奏章限掛給送進皇宮了。

宋太宗也回覆很乾脆喔，傳信使者很快就回來了，表示：「所翊者上帝也。」意思是以您的尊貴，怎麼可能是輔佐人間的帝王呢？當然是輔佐玉帝的大神喔。

「守真詣殿焚香以告，真君曰：此意是也。」守真就把這個回條焚香向黑煞神報告啦，黑煞真君，喔不，這時候應該叫翊聖真君，就跟他說了：

「這還差不多。」

本來想著翊聖真君對現代的諸位來說比較少聽聞，於是就多寫一些關於祂的故事，但再寫下去這一篇就要變《翊聖品》了，所以我們先暫且打住，更多關於翊聖的故事，我們有機會再發文討論。

北極四聖信仰從最早天蓬神跟副帥天猷神的組合，再到了黑煞神的高光時期，可謂是盛極一時喔。可是怎麼再往後，卻好像有些銷聲匿跡的感覺了呢？

北極四聖之——佑聖真君

其實四聖信仰並沒有消失，只是四位大神輪番出來成為戲份擔當，並且在台灣，大家也應該都對其中一位非常地熟悉才是。

前面我們提到了四位真君，分別是作為主帥的「天蓬神」、作為副官的「天猷神」，還有前一節中，被趙宋皇室奉若家神的「黑煞神」翊聖真君。最後是受到明代皇室無上崇敬的「真武神」佑聖真君。

真真正正是各領C位[17]數百年喔。

佑聖真君，別號真武神。

在台灣，祂又叫作——玄天上帝，就是那位腳踩龜蛇、手持七星，台語喚作「上帝公」or「帝爺公」的大神，也被稱作玉虛師相、北極蕩魔天尊。

明朝在朱元璋掛掉以後，發生了靖難之役。身為親王的朱棣，帶領著北方軍事集團，正式向建文帝朱允炆的南方統治集團發起了挑戰。然而打仗是個非常高風險且高壓力的活喔，所以自古以來，但凡打仗，很少有不拜拜祈禱的，大部分人類的心理素質實在是沒辦法這麼強大。

而既然從北方來，朱棣的祈禱對象，也就選擇了在當時神格已經開始上升[18]的真武神佑聖真君。

為什麼選擇祂？一說是因為朱棣乃由北向南進攻，而北方屬水[19]嘛，所以透過

17. C 位就是拍照時最顯眼的位置啦。

18. 從朱元璋時代，為了跟陳友諒打水戰，我們元璋哥就已經開始拜北方屬水的真武神了。

19. 最基礎的五行方位理論：北方屬水、南方屬火、西方屬金、東方屬木、中央屬土。

祭拜同屬性的神祇尋求庇佑。

另一說則是因為明朝皇室的取名方式。

明室的命名字輩，是依照著木火土金水的五行相生順序下去排序的。

譬如第一代是開國皇帝朱**洪**武，名中有個洪字，水字旁、屬水；那麼第二代就按照五行相生的模式，水生木喔，即選用木部首的字做為名字。

因此太子朱**標**、燕王朱**棣**，以及其他第二代的王爺[20]們，名字中就通通帶上了個「木」字。

緊跟在後的第三代，根據木生火的五行生剋，名字中就帶上了火字，因此，太子朱**標**（木字輩）的兒子就被取名朱允**炆**（火字輩），而太子早薨，遂直接由他繼位。按著這個規律，下一代就是土字、再下一代就是金字、再再下一代就是水字……寓意是五行相生、生生不息，明朝傳到了末代皇帝朱由檢，恰好五行循環了三次。

然而這跟朱棣崇拜北方真武神有什麼關係？

北方屬水，而水剋火嘛。屬木的第二代要跟屬火的第三代作戰，那麼向一位水屬性的神祇祈禱，自然是相當符合屬性相剋的邏輯喔，首先水可以生木，所以萬來

20. 朱元璋有朱標、朱棣、朱棣、朱榈等等共二十六子。

分多朱棣加一分；水又可以剋火，朱允炆減一分。

那麼有沒有用？從結果論來說還真有用。

在南北兩大軍事集團的最後決戰[21]中，南方主帥李景隆，帶來了建文帝的全部家底，在當時達到了五十萬大軍的恐怖人數（建文帝：歐印了啦！），然後**面北**佈陣；朱棣一方則有十萬大軍，由朱棣本人親率精騎，乘著當天颳起的北風、向**南**發動突擊。

就在兩軍絞殺成一團、朱棣軍因為人數劣勢逐漸被壓著打，甚至將領們紛紛受傷失去戰鬥力的當口，我們說情況十分危急、千鈞一髮的那個MOMENT，戰場上突然發生了一件讓雙方將士都傻眼的怪事。

那是一聲異常響亮的「咔」！

咔？咔什麼咔？

李景隆疑惑地轉頭看了看，臥草[22]！竟然是自己的帥旗被風吹倒了，還是從旗桿處直接折斷、想扶都沒得扶的那種倒喔，景隆當下給嚇得差點原地飛升啊。在那個還沒有無線電跟網路的時代，旗與鼓是戰場上最主要的通訊手段，沒了最主要的

21. 白溝河之役，人類戰爭史上的十大莫名其妙之一，其他九個我還在找。

22. 就是形容非常驚訝的語助詞。

帥旗，你要怎麼指揮幾十萬大軍啊？

退一百步講，帥旗這種東西，只有在兩種情況下允許被放倒：

一、全軍撤退。

二、主帥陣亡。

不論是哪一種，都讓遍佈廣闊戰場上的南軍將領們，紛紛驚疑不定地喊卡，有些想保存自己部隊實力的心機鬼，甚至直接就往後退了。

一個退、眾人退，誰都不想當最後一個，到後來就是全軍幾十萬人爭先恐後地邊鬼叫邊往回跑喔。明明一條已經跑到90％的勝利進度條，就讓這麼一陣莫名奇妙的北風給吹得瞬間歸零，WTF[23]。

放眼整部中國戰爭史，有因士氣不足打敗仗的、有因後勤跟不上打敗仗的、有因為偷吃人妻打敗仗[24]的（曹老闆：欸欸欸扯到我幹嘛？），就沒聽說過都快要打贏了，因為帥旗自己斷掉而輸到脫褲子的。

對景隆來說，尼瑪真的輸得莫名其妙啊；對朱棣來說，除了神明保佑以外，他可能也想不到其他更合理的解釋了。

23. 國際友人王德發，有他在的地方就必然會有一些令人驚奇的事件發生。

24. 宛城之戰，曹操睡了人家張繡的嬸嬸。本來已經歸降的張繡知道後整個牙起來，說反就反了，最後造成曹操長子曹昂跟護衛長典韋雙雙戰死的悲劇。

「會旋風起，折景隆旗，王乘風縱火奮擊，斬首數萬、溺死者十餘萬人。」——《明史》

這場大敗，讓本來有機會成為大明戰神的李景隆從此變成大明軍方之恥，也讓已經梭哈的建文帝再也凝聚不起像樣的武裝力量，從此攻守易勢、再起不能，最後一路被北軍攻進南京，自己也成了歷史上最著名的失蹤人口之一，並且直到我碼字的當下都還沒找到，幫QQ。

而隨著朱棣的大獲全勝，再到後來「北修故宮、南修武當」的明朝版十大建設加持之下（當然還有朱棣這房的子孫們不斷加封），真武大帝的知名度就跟連續漲停板的個股一樣，一去不回頭，於是就在整個有明一代，真武信仰迎來了超級高峰期（朱棣表示：**真**・**武**力拔群！）。

直到數百年後，隨著清兵入關、明祚已衰，南明政權不斷地被壓制、消滅，有一支強大的海上武力也打起了明朝正朔的旗號，選擇在台灣建構軍事基地，這就是延平郡王——鄭成功大大所帶領的明鄭武裝集團。

而跟著明鄭艦隊到達台灣的，除了士兵、艦隊與火砲以外，當然還有明朝的官方信仰：真武大帝。而後真武信仰在地方上不斷的演變與在地化，到了後來，真武大帝也就變成諸位所熟知的玄天上帝啦。

這個故事告訴我們，人需要神、神其實也需要人。擁有一位強力又死忠的信徒來幫忙護法，對於神明來說那是多麼幸福的一件事情呀。

BTW，據說目前武當山上、金頂殿中的真武大帝塑像，就是當年朱棣讓工匠按照自己的面容去打造的，畢竟是自己批准的預算嘛（？），各位以後如果有去旅遊的話，不妨去看看這位十萬打五十萬的大明傳奇ww。

補充一下，一直到了明朝的中後期，從我們明神宗朱翊鈞（就是萬曆啦）的頭盔上，都還看得出來對這位真武大神的崇拜喔，請看圖1和圖2。

圖1是《出警入蹕圖》[25]中的明神宗畫像，看到他頭上的泡芙狀頭盔了嗎？位在頭盔正中央的神像就是真武大帝像。原圖目前就藏在台北故宮，各位有遇到展出的話，推薦去看看。

圖 1／明神宗畫像

25. 現藏於台北故宮，不知道何時才會開放展覽了。展出了，記得帶你的親朋好友們去講解一下，炫他們一波嘿嘿。

圖 2／定陵盔

圖2是朱翊鈞另一頂御用鐵盔的示意圖，鐵盔本人目前由對面的定陵博物館收藏中，在《大明會典》中也有它的記載：

「鍍金護法頂、香草壓縫、六瓣明鐵盔」。

這個鍍金護法頂的「護法」，指的就是大明皇室的護法，即後人口中的真武大帝。

扯得太遠了，回來說說那位在大家的記憶中，逐漸淡出的天蓬大神。

北斗破軍星

到了明朝中葉之後，除了道教神職人員的壇場上都必然會置有一把**天蓬尺**以外，一般大眾對這位大神的記憶，好像都逐漸變成了那個好吃懶做、又廢又色的豬八戒了。這種印象的形成，那本《西遊記》可說是居、功、至、偉喔（咬牙）。搞得明清以來，歷代的道人們只要抓到機會，都得努力澄清一下：

天蓬神並不等於豬八戒啊啊啊！

怎奈何，小說中的形象實在是太過深入人心了，即使到了今天，天蓬神與豬八戒的連結還是處於一個講不清楚的尷尬狀態，好你個吳承恩[26]啊！那麼吳承恩是靠著憑空想像去杜撰亂寫的嗎？其實也不完全是喔，只能說這種連結是有脈絡可循

26. 也有一說作者是李春芳，或者是集體創作而成。但本書不是《西遊記》的考證專書喔，由於吳承恩最有名，那麼就算在他頭上了（咳咳）。

的，但脈絡歸脈絡，我還是要再重申一次：「**天蓬神不是豬八戒**」啦QQ。

這個脈絡呢，就在本章的開頭喔。在一開始我們說過，天蓬神是星辰信仰中的大神——紫微大帝的麾下嘛，既然上司是紫微星[27]，那麼天蓬神自己又是何方星辰的化身呢？

答案是「破軍星」[28]，也就是北斗七星「貪巨祿文廉武破」[29]中的破。

斗母元君與她的天竺鼠豬車車！

鏡頭回來唐代一下。

在這個時期，佛教的摩利支天信仰已經開始傳播，並且逐漸與道教的斗母信仰產生融合，而斗母元君是誰？在道教慣例中，我們常稱呼女性神仙為「元君」，譬

27. 就是北極星啦！

28. 也有一說是北斗九宸（加上輔、弼二星）的其他星星，這裡我採用的是破軍星版本。

29. 《太上玄靈北斗本命延生真經》，不用真的去翻出來讀沒關係。

如上清派有一位魏華存祖師，後來得道成仙了，我們就稱呼祂為紫虛元君。

而斗母元君，則是道教之中象徵先天元陰的大神喔，祂代表著陰陽初判時的那一股最純粹的先天陰氣，同時也是所有道教星辰神的源頭。

斗母斗母，星斗之母嘛。

在道經[30]之中，對於斗母元君是這麼紀載的：

為北斗眾星之母

這邊的北斗眾星有兩個意思，一個是指北斗七星或九星（七星加上輔、弼二星）；另一個意思是指北斗七星加上其他眾星，因為古代沒有標點符號，所以文句的解讀上容易有歧義，但都不影響這邊的意思。也就是說不論是北斗七星也好、還是其他的星星也罷，這些星辰的源頭都是象徵先天陰氣的斗母元君，看到了斗母都得乖乖地喊一聲**馬麻**喔。

而在與摩利支天信仰結合之後的斗母元君，在形象上也融合了摩利支天的坐

30.《太上玄靈斗姆大聖元君本命延生心經》，不用真的去翻出來讀沒關係。

騎，變成了野豬騎士，並且一次騎七隻，正好象徵了七騎士北斗七星。

在五十四代天師與清代康熙帝的問答錄[31]中，康熙帝曾問了一個問題：「北斗有豬輦聲，何也？」意思是，我聽說北斗七星曾經有**豬豬戰車**的傳說，那是怎麼回事呀？

五十四代天師怎麼回答呢？

「答曰：宋高宗南渡時，夜聞空中有豬輦之聲，見天姥現四頭八臂，空中護駕。斗姥現相時有此聲也。」這裡是說，當年北宋被金國壓在地上磨擦嘛，康王趙構（後來的宋高宗）往南方烙跑時，好幾次都差點被金兀朮抓走喔，就在某個月黑風高的殺人夜，戰況危急啊！結果趙構看到了斗母在空中現身顯靈，幫他保駕護航[32]。

而斗母現身之際，就是騎乘著北斗七星化身而成的豬豬戰車，因此才有了這個「豬輦聲」的傳說。

另外，我們也參考道門經典法本《道法會元．卷八十三》所描述的形象：

31.《崆峒問答》號稱龍虎山版本的十萬個為什麼，本書後面會再提到。

32. 很湊巧地，在佛門的《佛說摩利支天菩薩陀羅尼經》也記載了「知彼摩利支天名故……無人能捉我，無人能害我……無人能縛我」的效力，可說是相當應景，而這些又會隱身、又抓不到、又綁不住的功能，也在摩利支天信仰東傳霓虹國之後，使得摩利支天變成了忍者們崇拜的對象。

天母聖相，主法斗母摩利支天大聖。

我們的斗母元君、摩利支天大聖，是什麼樣子的呢？

三頭八臂

斗母元君呢，她有著三頭八臂（一說四頭）。

這裡我補充一下，身為真．道教天團的北極四聖，四位真君常常會一起出現在歷朝歷代的畫作當中，而天蓬真君跟天猷真君都有著複數手手[33]，又都是忿怒像，那麼要怎麼區分呢？

答案是：見六臂者為天蓬元帥、四臂者為天猷副帥，從手的數量就能看出法力與位階的高低喔。

補一張天蓬大神的畫像，出自永樂宮的《朝元圖》[34]，請見圖3。

33. 請參考附圖3。

34. 元代的壁畫，目前仍然保存下來了，在山西的永樂宮（又稱大純陽萬壽宮）內，有機會去旅遊的話很值得去看看。

圖 3／六臂天蓬元帥

圖中右一的忿怒相神將，就是身有六臂的天蓬大神了，注意看祂的頭部兩側，都還各有一面，標準的三頭六臂。但在有些解說中會將祂誤認為天猷副帥，另一幅的四臂神像，才又被當作天蓬大神，但其實只要稍微翻過道經[35]，就會很清楚喔。

而站在天蓬大神左側的，就是我們相當熟悉的真武神，這個造型大家應該都有印象（吧？）。

然而在這裡，我們的斗母元君則來到了恐怖的八臂，~~這個戰鬥力至少有一萬以上~~。硬生生地代表了更高一層的神位喔。請見圖4。

35.「現三頭六臂之威容……北極天蓬八十一軍大元帥、護國消魔真君、證果法雲普覆天尊。」，出《太上九天延祥滌厄四聖妙經》。所以真的是六隻手啦！

圖 4／摩利支天

這是明代的摩利支天圖[36]，很典型的八臂造像喔。

手擎日月、弓矢、金鎗、金鈴、箭牌、寶劍，著天青衣，駕火輦

手中拿著太陽跟月亮，還有她的整套裝備（略），駕著一輛冒著火的車輦。為什麼是冒著火的車輦呢？因為她同時有著佛門摩利支天的神格，而摩利支天的梵文有**陽焰**、**天光**的意思，所以周身裝備會附加火屬性也是剛剛好而已。

輦前有七白豬引車

在她的車輦之前呢，有七隻白色的豬豬拉著車喔，而這七隻白色的豬豬，就代表了**北斗七星**。

這邊解釋一下為什麼用豬來代表北斗七星。在古人的宇宙觀中，我們說「天傾西北、地陷東南」喔，天的極高處在西北，地的極低處在東南，因此「萬派流水朝

36. 明末清初畫家鄭重的作品。

東去、眾星拱繞拜北辰」。在西北天域，那裡裡有一顆北極紫微星，而除了紫微星以外呢，還有斡旋四季、尊貴不凡的北斗七星。

在易卦當中西北屬於乾位，乾為天嘛，因此也代表了天、尊貴、運轉樞紐等等意象，而八卦方位套到了同樣是用來象徵空間的十二地支上，西北乾位正是亥位[37]。各位小時候如果背過十二生肖，應該就知道一鼠、二牛、三虎、四兔blablabla……到十一狗、十二豬對不對？十二地支的順序起於子，就是「一鼠」；終於亥，也就是「十二豬」。

西北天域上的七顆星星，就這樣被濃縮成了七隻白豬。喔對了，白色在五行屬金，乾卦也屬金，也同樣是代表了西北天，綜合起來就是**西北天空上的七顆星星**。

不得不說當年寫小說的吳承恩，對玄學應該也是有些研究的喔，如果以後有機會的話，我們說不定也能來聊聊那本乍看之下像是破關打副本的YY小說，實際上極可能是藏了一整套修練體系的鬼之奇文：《西遊記》。

BTW，奇文歸奇文，你要用五行八卦寫小說好歹加個註釋啊，一般人誰會看得懂啦！結果天蓬神的形象就讓他給如此這般寫壞掉了。但是話雖這樣講，你要說

37. 子位是正北，左邊的亥位就是西北、另一邊的丑位就是東北。

吳承恩真的不知道北極四聖的組織架構，好像又說不太過去，在《西遊記》第十八回〈觀音院唐僧脫難，高老莊行者降魔〉中，豬八戒出場時是怎麼說的？

那怪（八戒啦）笑道：「（前略）就是你老子有虔心，請下九天蕩魔祖師下界，我也曾與他做過相識，他也不敢怎的我。」

意思是我跟蕩魔祖師以前是老同事啦，你要找他來弄我？笑他不敢喔（欸欸這是八戒說的，不關我的事）。

從這裡看來，靠北啊吳承恩明明就知道天蓬神跟真武神的來歷，還在那邊壞壞，搞到後來那個澄清工程奪麻煩你知道嗎？真的已經到了很多道人直接放棄治療的地步，講不清楚、實在講不清楚啊。

然而，諸位如今既已清楚了天蓬神的由來，以及北斗七星與斗母故事的連結，以後就請別再把祂跟二師兄混為一談了喔 ^_^"。

（天蓬大神：我謝謝你啊）

在對天蓬宇宙有了最最基礎的認知之後，再加上一個簡單的概述，我們就可以開始來著手咒語的進修了。

三十代天師的補習班講義

各位可能會有疑問喔，為什麼前面要花了這麼長的篇幅去敘說天蓬神以及環繞周遭的關係網呢？

因為呀，人類對於來歷不明的人事物，是無法有安全感的；既然沒有安全感，自然也就很難**安心地**使用咒語。因此為了安一下諸位的心，我認為先好好地把這些前塵往事交代清楚是很有必要的。

故事講完之後，我們就可以往正課前進囉。

三十代虛靖天師[38]在當年曾留下了一本《明真破妄章》，試圖把眾多祈禱形式，是如何從虛無飄渺的精神領域轉化到現實世界的機制給說清楚，在裡面是怎麼寫的？

妄念紛紛且失真，符圖咒訣費精神。

意思是，當念頭無法專注至「一」時，不論你修習的是什麼符圖、咒語、手訣，都是白費精神喔，沒有用的。然而「一」的狀態並不容易描述，因此在這裡我們試著用刪去法來形容這個「一」的狀態。

當沒有了胡思亂想的雜念——這需要透過大量靜功的練習來達成。

當沒有了猜忌懷疑的牴觸——這需要信仰，並且需要的是以善良、助人、寧靜等等為宗旨的正信。

當沒有了疑惑的各種思慮——這即是本章的用意，希望透過對天蓬宇宙的解釋，讓諸位能明白這一位神祇的故事與由來，進而減少花費在茫然與困惑上的心念

38. 第三十代張天師，號稱龍虎山中興之祖，也是宋徽宗的好朋朋之一。關於他的故事，我們有機會再……（遮臉）

損耗。

如此，隨著非必要的心念越來越少，相對而言，專注的程度也就會越來越高。而當心念集中到毫無雜念、乾淨純粹的狀態時，我們就稱之為「真」，又或者稱之為「一」。

而對於這個境界的追求，也並非只存在道門之中，但凡存在於這個世界上，且有祈禱或類似形式的宗教，應該都是適用的。

關於**真**一的種種，我們會在下一個章節為各位詳細說明，在這裡請容我稍作概述之後，先回來談天蓬咒的咒文。

天蓬神咒，姍姍來遲了！

天蓬咒，又稱天蓬大祝、救護神咒、北方黑帝五靈玄老大神咒等等，在前面的故事中我們知道了，祂最主要的功效聚焦在辟滅邪崇、拯危救難[39]，同時也具備有輔助修練的功能喔。

就在寫到這行字的當下，這個世界上有兩個地區，正在如火如荼地進行著死傷慘重的戰爭[40]。身為道門之中的貴生主義者，我由衷地希望**和平常在**，在不打仗的情形下，大家愛幹嘛幹嘛去，沉迷富貴名利的就好好跳坑，喜歡躺平或逍遙自在的就好好耍廢，各司其職、各得其樂，豈不美哉？

然而若有一天，諸位真的不小心誤入了戰爭地區，可能旅遊到某地，那裡的兩邊突然就一言不合打起來了之類；或者色身遭受兵鋒逼近之際，我也祈求在那個當口，各位可以想起來這個咒語，並成功召請到天蓬大神的救護。

我相信鐵定會成功的啦，在那種狀態下對不對，砲彈四處飛、到處亂爆炸，阿娘喂，人在生死一線又極度緊張的情況下，保證什麼雜念都沒了，就算沒有經歷過靜心訓練的一般人，應該也能輕輕鬆鬆觸及「一的境界」喔，這種情況下我們就稱作為「至心」，各位如果有閱讀過道經的話，應該就會對「至心皈命禮」這個用詞有印象才是，我們說最誠摯、最專一的那個心，就是至心。用這種境界透過咒語進

39. 尤其是從兵災之中救護身命，因此又稱為救護神咒。

40. 烏俄戰爭與以巴的加薩戰爭。

行祈禱，向祈禱對象皈依，就是至心皈命禮啦，也就是「一」。

如果遇到了兵災時能夠背誦此咒，當然是最好的；若是沒有辦法背誦（好啦我知道真的很長），也沒關係，這本書有個小本本作為讀者的贈禮，當中整理了書中所有提到過的咒語，讓各位隨身攜帶，或者也可以拍下來放在相簿之中，方便備用。

那麼在道經[41]中曾記載了：

「此咒北帝神秘之法，若世人得此，常能行之，可以禦諸惡，添福益算，延年度厄，禳災卻禍，救護生人，無有枉橫，男女長幼，總可奉行。」

「無有枉橫」，就是不讓你天年還沒到就提早掰掰的意思。可能有人會問，那如果是天年到了呢？在道門宇宙的觀點中，修行成功了就上去找天庭人資部報到了嘛；修行未成，那就繼續重刷再重刷吧。

「男女長幼，總可奉行」則說明了，只要是個人都能奉而行之，並沒有規定非

41. 《太上元始天尊說北帝伏魔神咒妙經》，一本記載了天蓬咒以及相關法門的經書，不用真的去翻出來讀沒關係。

神職人員不可，所以請放心地、安心地練習（但請不要跑到墓仔埔練習，謝謝）。而那個奉字有敬奉之意，就是最起碼要有尊重之心喔，不然你不能怪人家不鳥你啊。

那麼接下來，我們就來看看咒語：

● 天蓬天蓬，九元煞童。
五丁都司，高刁北翁。
七政八靈，太上皓兇。
長顱巨獸，手把帝鍾。
素梟三神，嚴駕夔[42]龍，
威劍神王，斬邪滅蹤。
紫氣乘天，丹霞赫衝，
吞魔食鬼，橫身飲風，
蒼舌綠齒，四目老翁。
天丁力士，威南禦兇，

42. 音同「魁」。

天騶[43]激戾，威北衛鋒。
三十萬兵，衛我九重，
闢屍千里，去卻不祥，
敢有小鬼，欲來見狀。
钁[44]天大斧，斬鬼五形。
炎帝烈血，北斗燃骨。
四明破骸，天猷滅類，
神刀一下，萬鬼自潰。●

總共三十六句，既可以用字面上去解釋其意，也有道經將三十六句解釋為三十六位天蓬神的部將（包含天猷、黑煞、真武三位大佬），兩種解釋都可以，都對。

在咒語的練習上，能夠瞭解其意無疑是好的，但有些咒語會因為各種解釋之間的分歧，反而令學人陷入迷惑喔。天蓬咒作為道門中相當流行廣泛的咒語，網路上的解釋版本之多，是難以一一羅列的。因此，我無意去區分誰對誰不對，那只會

43. 音同「揍」。
44. 音同「絕」。

造成不必要的分別心。這裡我只能建議諸位，去選擇一個你覺得**最有感覺**的版本就好，乃至於只是單純背誦，都不影響功效（我當年都還沒來得及查清楚意思就開始背了，照樣弄到閃大燈，嚇鼠）。

因為真正影響功效的，是那句「至心皈命禮」，而不在於誰的解釋比較華麗喔。

使用對象、方式與禁忌

使用對象：「男女長幼，總可奉行」，只要有心，誰都可以成為東神學習並使用。

使用時機：任何你感到陰冷、不舒服、有危機感的時候。

使用方式：可以背誦就背誦，真背不起來雖然有點落漆[45]，但還是只能拿手機

45. 落漆，台語很遜、不酷的意思。

出來看著念啦。平常練習時，請**微聲**練習誦念就好，不要高聲唸出來變成地圖砲喔，如果是在戶外，也可以加上「**此咒用以安魂定魄，保命護身，不損陰冥**」的前綴詞。

然而在正式使用（參考使用時機）時，就可以用正常音量了，每念一句就叩齒一下，所以三十六句共叩齒三十六下。

而另一個版本的叩齒法則是先叩齒七下，然後誦咒三遍；再重複一次叩齒七下、誦咒三遍，諸位可以挑選自己喜歡的方式。

這邊要補充一下，叩齒不是叫你拿手或拿東西去敲牙齒啊啊！不可能有人會這樣以為吧（你老實說看到這裡的時候你是不是這樣想的）？而是上下牙齒輕輕地互碰就好，這就是叩齒。記得別太大力嘿，不小心會傷到珐瑯質。

使用禁忌：這個咒語除了殺傷性太強，請大家盡量手下留情、勿傷天和之外，禁忌上就都跟各種法門差不多了，不外乎是保持敬心，不要輕忽玩鬧等等。另外如果身處廁所、臥房等等有些穢氣的地方，也請避免誦念，互相尊重嘛；如果身處墓地、醫院等等，我們說陰氣比較重的場域，想要保護自己的話，也可以加上**前綴詞**後使用。

（前綴詞：「此咒用以安魂定魄，保命護身，不損陰冥」。）

什麼，忘了加前綴詞？

那你要稍微留意一下，可能等等會去機車行修大燈喔（誤）。

真一品

第三

一前一後兩大派

在前一品中，我們聊了天蓬宇宙的來龍去脈，也稍微討論了所有祈禱、法術，乃至於咒語，之所以能夠派上用場的關鍵，也就是「一」的問題。而進行這些修練以及行法之人，我們就稱為道士。

在我碼字的當下，除去那些隱於山野的祕密傳承之外，當今的正統道士大概可以分為兩大派系，分別是「**全真**[46]」以及「**正一**[47]」。

古人相當強調師出有名的那個名喔，就算是到了已經有網路跟AI的現代，也還常常見到為了嬰兒取名、新創公司命名而上門的客人，代表不論是古代還是現在，其實大家對於名字這件事情，基本上都是很重視的。

那麼對於一個道門教派而言，教派的名字，必然是重中之重呀，不會有人在這上面開玩笑，或者隨隨便便取一個的。既然要取這個名字，這個名字就一定要能夠精確地傳遞出本門的核心思想。

46. 這個沒人不知道吧？金庸小說有看過吧？全真七子聽過吧？什麼，都沒有？那你可以來 IG 看故事認識一下啊哈哈哈。

47. 龍虎山天師府的傳承，不過目前狀態有些複雜……

然而，全**真**、全**真**，所要全的是什麼**真**？

正一、正一，所要正的又是哪個一呢？

全得了這個真、正得了這個一，才能當個好道士嘛，把該寫好的符給寫好、把該念好的咒語念好、把該行好的法給行好，然後怎麼樣？人生走到最後要打考績時，分數才能好看一點嘛。

因此，為了各位也能夠更好地運用咒語，我們得花些篇幅，稍微探討一下這個問題。

道門之中常說形神要兼備，乃至於玩到最後不只要兼備，還要俱妙喔。把核心問題弄清楚了，就叫作**得其神**。而在不具備核心的情況下，只是不斷花心思在表象上，那麼不論這個表象學得再好，仍然只能算是**徒具其形**喔。

這種情況下當然是妙不起來的。

在本品之中，為了讓各位都能稍微體驗一下**妙起來**的感覺，我們會用到一些古代大高手留下來的教材。雖然按照《悟真篇》中的故事[48]，有些事情講太清楚似乎會有點母湯。但既然寫都要寫了，我也希望留下來的會是一些真實的心聲。因此，

48. 當年紫陽真人可能把一些**簽了保密條款**的事情講出去，後來就一直雖小的事件。有機會我們再來聊聊這個《悟真篇》中的小故事。

在教材的翻譯上，我會盡可能地翻到現代人能夠輕易看懂的狀態，看懂了之後，其實也未必非得信道，覺得跟什麼宗教有緣，大可就快快樂樂地去找它玩。

畢竟，登山的路徑可以有很多條，但這些路徑終究會通到同一個山頂。

接下來，就請各位同學輕輕地翻開課本啦。

等等、你說全什麼真來著？

在拿出全真派高手們留下來的教材之前，我想先把時間軸往前轉一點，來看看，在道門[49]之中最早對於「真」的記載在哪裡呢？

應該是在《南華經》[50]的大宗師一章。

在大宗師一章中，南華真人描述了「得到真的人」的一些特徵，這種人即稱為真人。後世又沿用來稱呼那些修練有成的高手們，諸如正一真人、紫陽真人、重陽

49. 道教出現以前叫道家，道教出現之後叫道教。而道教沿用了大量的道家思想，為了不每次都在那邊區分，本書統稱道門。

50. 就是《莊子》啦。

真人等等。

我們來看看南華真人對於真與真人，是怎麼說的？

知天之所為，知人之所為者，至矣。

在大宗師的一開頭，南華真人說到了知的重要。知是要知什麼呢？知道什麼事情是天該做的，什麼是事情是人該做的。那就「至矣」了呀，至有「最重要」，或者「到了」的意思，現代話叫作 get，意即這章的重點你已經 get 到了喔。

知天之所為者，天而生也

這裡「天而生也」的生，有運作、使推動、使活動的意思，意思是，知道什麼是天該做的事情，那讓天去做就好，你不要在那邊試圖插手嘛。

知人之所為者，以其知之所知，養其知之所不知。

呀。既然屬於天的事情你不該插手，那麼就是讓你回來好好把人該做的事情給做好

可是問題來了，什麼是人該做的事情呢？

「以其知之所知」，用這個人他所能認知到、學習到的事情，去怎麼樣？

「養其知之所不知」，去滋養他後面那個沒有辦法單靠邏輯智力去理解的、龐大無比的東西喔。那個東西是什麼，一直沒人能夠說得明白，直到後來出現了元神一詞，對比代表了邏輯與智力的識神。

因此這段話就在說人真正該做的事情，是用後天的這些認知與學習，去試圖體驗、探索那一塊邏輯到不了之處。我們說「借假修真」喔。除了這些以外的呢？那就是「天而生也」嘛，我勸你別多管閒事[51]。

終其天年而不中道夭者，是知之盛也。

51. 網路用語，通常在有些好東西出現，又有人在旁邊亂，可能會害大家看不到的時候，大家就會用這句話堵他。

這裡南華真人說到啦，能夠讓你終其天年、活到該活的歲數才好好離開伺服器，做得到這點的人，代表他真的知道了什麼該幹、什麼不該幹喔，換句話說就是有get到我想說什麼了，我們說「知之盛」嘛，就是懂玩的、內行的喔。

為什麼這麼說呢？因為站在這個觀點上來看，人間就猶如一個副本或遊樂場，而每個靈魂來到這裡都是有他想玩的設施的啊。怎麼樣在有限的時間裡頭，去規劃排隊路線、得到更多這次來想得到的體驗，以此來滋養那個本來的我（元神啦），這才是進來遊樂場的目的喔。

就像我們去某樂園[52]玩，你就一天的時間，是不是會規畫要先排什麼設施，有什麼設施是必玩的、或很想體驗的，就要計畫一下優先順序，或是看要不要弄個快速通關之類。這種**規劃與計劃**的能力，就是識神，而識神是為了讓你拿來更好地享受這趟遊樂園之旅用的，也就是這章中所說的，人該幹的事。

不是讓你拿去賺遊戲代幣用的啊，你搞再多遊戲代幣也只有一天的時間能玩，閉館時間到了你就得乖乖出來了，而那些東西，你帶不走啊。

你能帶走的只有這次來遊玩的各種體驗，還有你跟朋朋們在裡頭發生的各種好

52. 那個樂園的品牌很會抓版權，我不敢亂引用，各位心裡知知就好嘿。

笑的、悲傷的、驚奇的回憶。

反過來，你不去探索這次來的目的，不去認真玩真正想玩的設施，整天上班當社畜，久而久之那個真正的玩家當然就覺得沒意思啦，我們說糞Game嘛，於是玩家就登出下線關機了，你人當然也就沒了。這種網咖時間還沒到，玩家就刪角色登出的行為，我們就叫作「中道夭」。

但是現代人的遊戲代幣主義[53]，跟《南華經》中推崇的活法有重疊嗎？嗯……這是一個很值得探討的問題喔。

當然，也有人會說啦，沒有遊戲代幣，我在裡面沒辦法好好地玩遊戲啊。然而《南華經》中怎麼說的呢？你只管好好玩你要玩的嘛，這是你該幹的事情；至於有沒有代幣、能拿到多少代幣，這是「天之所為」，也就是不在你掌控中的事情喔。

至於好好玩你想玩的設施就會有代幣嗎？不一定，那是天的事情。但你會快樂，會「終其天年而不中道夭」。

就是說至少真正的玩家，會保證你這個化身能夠玩到網咖時間到為止，不會中間玩一玩沒意思了就登出喔。那麼站在高我的角度看，可能只是很簡單的登出，站

53. 資本主義啦。

在我們的高度看，可能就是發生各種「怎麼這個人突然就沒了」的程序。

事情。至於你一心搞遊戲代幣，真的代幣就會比較多嗎？也不一定，因為那也是天的事情。不信的話你可以出門看看，這個世界上專心搞代幣，最後搞到破產的人也是有的；股票當沖玩了五年十年，App 打開來看損益還是綠色的人，也是有的。

雖然，有患。

這個患是憂慮的意思。這裡南華真人說啦，雖然話是這麼講，但我知道你各位還是會憂慮、會怕怕嘛。

夫知有所待而後當，其所待者特未定也。

為什麼會怕怕？因為所有的「知」，都要有所依據才能得到大家的承認而存在，也就是現代人說的邏輯推理，或者是我們所說的識神；但是這樣會有個問題啊，就是這個依據並沒有一個標準。

庸詎知吾所謂天之非人乎？所謂人之非天乎？

那會變成一種情況啊，你怎麼知道我說的該誰做的，就是該誰做的？換句話說，你怎麼知道我說的該是天管的部分，會不會其實是該人管的部分呢？而該人管的部分，會不會其實是該天管的部分呢？

這樣講有點饒舌喔，同樣用遊樂園來比喻。

你怎麼知道會不會這趟來遊樂園，我就是甘願來當社畜賺代幣的呢？這個說不定就是我的天命啊（好像有點慘）；而你說來遊樂園的最終目的就是好好玩設施賺體驗，那你又怎麼知道這些體驗，說不定不歸我管啊，就是很可能我去體驗了也體驗不到啊之類。

這邊我要補充一下，我們讀古文時一定要稍微帶入一下時代背景，不然很多字句文意會變得有些莫名其妙。莊子在世時，有個感情很好的冤家叫惠施。而莊子是道家的，惠施是名家的，兩個人常常互相辯論喔。這段話有沒有那種辯論的味道在？就是那種好像我知道你準備這樣問了，於是我乾脆先搶先一步，堵你的嘴的那種感覺。

但是堵嘴只有一個問句，顯然是不夠的。於是南華真人又有補充：

且有真人而後有真知。

意思是你要到了真人的境界，你才能夠真正去區分什麼是你自己真正該做的。而除了這之外，當然就是不歸你管的部分了嘛，我們說天該管的喔。如此，就叫真知。

何謂真人？

可是真人是什麼呢？或者說，真人是個什麼樣子呢？

古之真人

以前的那些真人啊。

不逆寡

寡是少數的意思，逆是違逆，也就是我們說的反對嘛。而以前的真人，他不會因為是少數就反對，意即是他想做的事情，不會因為跟大家不一樣，他就不去做。

換句話說，就是能夠忠於內心的聲音喔。

譬如遊樂設施，我就真的想玩這個，雖然網路上大家都說不好玩，現場也確實沒什麼人在排隊，可我就是想玩嘛。真人這個時候就會大大方方走過去玩喔，那假人會怎麼樣？啊……沒人排隊，那可能大家覺得不好玩，於是我也不管我自己想不想玩了，就走了嘛。

所以大家讀書就跟著讀書、大家考試就跟著考試，大家畢業後去上班就跟著去上班。然後看大家結婚就跟著結婚，看大家生小孩就跟著生小孩，就這樣一路玩到遊樂園關門。

自己要什麼？不知道。

那就不是真人了喔，假得很。

不雄成

不雄成，就是不雄於成。那個雄是什麼意思？我們說雄赳赳、氣昂昂嘛，就是那種很跩的感覺。不雄於成，就是說不會因為在遊樂園中有所成就，於是就開始一臉自己很厲害的樣子喔。

為什麼？因為那是假的啊，遊樂園啊大哥。你在那個宇宙飛船上面，拿個塑膠槍開始 biubiubiu，就算給你 biu 到了滿分，當下玩得快樂也就是了，你會特地打電話回家跟你娘說「欸媽媽，我玩宇宙飛船射到一百分」，然後開始在遊樂園裡頭把雙手背在後面走路嗎？

遊樂園裡頭不管玩了幾分，重點在體驗嘛，體驗過後平常心繼續去下一個設施排隊，這叫正常人；體驗過後開始擺出一副欸我宇宙飛船一百分的架子，然後要人家尊敬你一點的，那叫北七喔。

然而現實生活中，北七還真不少。

那在佛門中就稱呼這種狀況叫作我執嘛，你一旦陷進去，那下次沒一百分時怎麼辦？你直接人設破滅欸。那你進遊樂園還能好好玩嗎？揹著這種奇怪的心態在遊樂園玩，那不叫玩，叫受罪喔。所以很多人爬得越高、賺得越多，卻反而越苦。

為什麼？

因為他不存在退路了。

不謨士

這個謨是謀劃、計畫的意思。不謨士就是說真人不會去幫別人計畫，換句話說就是過好自己的生活，不會去干預別人。大家平平都是買票入場的，你管人家要玩什麼幹嘛啦。如果有人在遊樂園裡頭，叫人家這個別玩、那個別碰，你要照我的建議這樣玩**才是對的**。

你會不會覺得這人有病？

然而現實世界中，這麼幹的人其實也不少喔。自己的旅程玩成一團垃圾，再去干預別人的人生。

若然者，過而弗悔，當而不自得也

這樣子的一個人（真人），對於他沒玩好，或者沒玩到的部分不會有後悔。為什麼呢？因為他已經盡力去玩了嘛，也沒有浪費多餘的時間，在那裡做一些無聊的事情、搞遊戲代幣之類喔。自從進了遊樂園，他就卯足全勁在認真地玩設施、賺體驗了，那麼就算哪裡沒玩好、沒玩到，他也不會有遺憾喔。

然而人在離開之前，往往對什麼最有遺憾？

——那些曾經想做，卻因為各種理由，沒有趕快殘殘做下去的那些事情。

隨著時間流逝，你的閉園時間只會不斷逼近。想學一個技能、想去一個地方、想跟一個人告白、想吃一個什麼料理、想要在世上留下一些什麼……，能去做的時候就趕快去做了，不論結果如何，起碼離開時你可以很坦蕩蕩地跟自己說一句：我盡力了。

這樣才是真正不會有遺憾的玩法喔。

「當而不自得」則跟不雄成一樣，不會因為得到什麼成就就開始自得（其滿）喔。

當一個人的心力，不會在**遺憾後悔**與**自得其滿**之中無謂地損耗，他就能很純粹地、只去好好地完成他的旅程。而不是一邊玩一邊累積負面情緒，有的還玩到跟旅伴吵架嘛，搞到最後玩也沒好好玩到，就白白花了一趟來回機票錢，也不知道到底是在忙什麼這樣。

能夠做到這樣子的人，我們稱之為真人。

若然者，登高不慄，入水不濡，入火不熱。

這樣子的一個人（真人），他的心知道這一切都是體驗，不會因為各種情境的變化而輕易被撼動。佛門說這叫怎麼樣？八風吹不動。

這裡的登高、入水、入火，是象徵外境的變化，不是叫你真的跳到水裡或火裡喔。對於這些外境的變化，他很清楚就只是外境，就像看電影。但如果有人因為看電影、看小說，看到一個變成第一人稱入戲進去，久久無法自拔，那個也是要趕快送去精神科喔。

而能夠具備這麼強大的心境，這樣子的人，我們稱之為真人。

（按：這一句話還有另外一種解釋角度，由於關係到「真人不看K線」的秘辛，我們有機會再另外填坑ＷＷ）

是知之能登假於道者也若此

這個「是」字，在古文中有「此、這個」的意思。

這裡南華真人說啦，這個知，也就是前面提到的真知，怎麼樣呢？能夠「登假於道也」[54]，能夠藉著它登上道的境界喔。然而本品要聊的是真跟一的境界，在這之上的道的境界，我們說不定有一天可以來聊聊道德天尊的《道經》……說不定啦。

古之真人，其寢不夢，其覺無憂，其食不甘

這裡南華真人又說了一次，以前的那些真人啊，睡覺是不作夢的。為什麼呢？我們說日有所思、夜有所夢嘛，但是那個思是怎麼來的？對於那些你很想去做的事情，可你又偏偏不去做，那當然是只能作夢啦。

這裡的意思是，盡了力把活著的每一天都過好，這裡的過好不是說吃好穿好，而是說都按照自己內心的聲音去活著，或著致力於往那個方向前進了。

那麼自然也就沒有什麼遺憾，甚至還要到作夢的程度喔。

這樣子的話，他晚上要睡搞搞的時候，自然也不會有什麼憂慮嘛。他對自己有交代啊！所以說其覺無憂喔，睡得可香了。

那麼每天都好好活著的真人，他遊樂設施都玩不完了，還會有心情沉溺在遊樂

54. 倒裝句，登假於道，就是假登於道。假是假借、藉由的意思。

園裡頭，那些爆米花和可樂的味道嗎？因此當你的心是盡力在一件事情（前提是你想做的或熱愛的）上面時，就不會有那種很厚重的物欲喔，好像說為了今天要去吃一個幾千塊的料理，還要特別花心思預約之類。

我玩我好玩的事情都來不及了，還人擠人去排隊吃火鍋？隨便給我點熱量，支撐我能夠繼續玩就好了啊，就有一點孔子說「廢寢忘食」的那個味道在。而處在這種狀態下的人生，他的**生命密度**是非常非常高的，高到去吃一些好吃的料理、穿好看的衣服，都沒能夠給他帶來足夠的刺激了。

古代有些投入在特定的技藝上面，甚至到了超凡入聖地步的人，就很有這種味道。不單純是在那個技藝本身有沒有用，或者有多少效益，而是在那個專注投入的當下，其實那個人就在觸摸「真」喔。

到了那種程度的人，我們即稱之為真人。

其息深深。真人之息以踵，眾人之息以喉

這句話非常深遠地影響了後世的道門，各種什麼呼吸法門，譬如服氣法啦、五牙術啦、氣功啦、氣訣啦、十六錠金啦……等等，就是從這句話給引出的由頭。

南華真人在這裡說了喔，前面的那些心境都體會到了以後，這個人（真人）的呼吸會變成怎麼樣？「深深」是呼吸很綿很長的形容，有多綿長呢？好像可以吸氣吸到「踵」這個部位喔；那麼一般人，或者我們說假人們會怎麼樣？呼吸很淺啊，淺到好像到喉嚨就滿了，就是那種很浮躁的猴子感。

猴子之所以是猴子，不在於身上有沒有穿西裝，而在於心中始終難以靜下來，我們說心猿不能歸林，意馬還未有疆。而不能靜下來的根本原因是什麼？

他想控制很多他控制不了的事情。

譬如政府高官，我們隨便舉個例子，交通部長好了，飛機也歸他管、鐵路也歸他管、公路也歸他管，今天飛機出狀況了或者火車出狀況了，他是不是要負責任？他理當要負責任嘛。可是事實上，飛機什麼時候要掉下來、火車什麼時候要出意外，他真的能掌控得了嗎?就是說規章制度上面、組織架構上面,他是可以有努力的空間的。但在各種現場操作上、零件保養上,乃至於鳥擊啊、野豬擊啊等等,真的是有太多太多的狀況與變因,太難以預料了。

那麼當一個人不小心爬到那個位置上,你說他有辦法其寢不夢嗎?有辦法其覺不憂嗎?

憂都憂死喔。

不過其食應該是可以不甘,因為要煩惱的事情實在是太多了,東西吃下去恐怕也沒味道。在這種情況下,當然就更不可能靜下來,然後奢求什麼其息深深了,能夠深深的只有壓力跟煩惱。

而前面提到的那個「踵」,在後世的某些道脈中也發展出了所謂的踵息法[55],因為踵的位置正好是陰蹻脈的起點,這類呼吸法就重在陰蹻脈的保養與修練之上,久之使人精神旺盛,不會整天愛睏這樣,這裡稍微提一下。

55. 知道一下有這種東西就好,我不敢在書上亂教,顆顆。

屈服者，其嗌言若哇

前面講了很多關於真人的描述，在這裡南華真人終於提了一下反面的例子：屈服者。

什麼是屈？那種被凹起來，沒辦法伸直展開的情況叫作屈；什麼是服？服從嘛。意思是那種勉強自己凹起來去服從一些什麼的人，就叫作屈服者。而這個一些可以是權、可以是錢、可以是任何一種讓你不敢按照自己原本的心意活著的東西。

嗌字念礙，就是形容一種卡卡的狀態；而哇字通「窪」。這裡南華真人說，屈服者啊，他們那種說話卡卡的樣子，就像個小水窪一樣。水窪是很淺很淺的一點點水，換句話說，這種人的生命厚度就像小水窪一樣。

不知道各位有沒有遇過一種人，就是常常很喜歡訴說自己想法，譬如罵政治啊、罵經濟啊、罵天罵地啊的那種侃侃而談、滔滔而辯喔，但作為聽眾的人就是聽起來會一直覺得沒講到重點，好像他有一種活在自己世界裡，只是為了講，不是講了有想要讓你聽懂的那種感覺，然後你也很難被他的言論感動，就是一種一直吃到垃圾食品的感受。而如果你反對他，他更是要辯；可即便你同意了他的觀點，他也沒辦法因此滿足而停下來喔，就是一種同意也不好、反對也不好的卡住了的狀態。

這就是嗌言的味道。

這種人呢，難以接受跟自己不同的意見，我們說難以包容他人喔，你如果提出了一個跟他不同的論點，那他會反射動作要跟你分出高下嘛，可事實上也沒有什麼高下可分，然後就算講贏了，實際上也賺不到什麼東西。這種很狹隘淺窄的狀態，就叫做窪，水窪。

而與之對比的是江湖，是海。是相忘於江湖的江湖、是海納百川的海。

其耆欲深者，其天機淺

這個耆通「嗜」。這裡南華真人提出了第二個反例：嗜欲深者。

欲這個字是谷欠，也就是肚子餓。為了不讓這個遊戲角色因為肚子餓而死掉，所以加了一個欲的機制給他，讓他懂得補充營養，營養夠了才能繼續體驗嘛。

但是如果這個欲過頭了，變成沉迷其中的嗜欲，那就本末倒置啦。遊樂園重的是體驗與感動，不是吃爆米花啊，你買了機票買了門票進來玩，結果卯足了力氣賺遊戲代幣換熱狗爆米花，或者延伸一點去換一些爆米花桶啊、帽子阿、飾品啊，然後還會跟其他人炫耀：「你看我的爆米花桶是名牌的唷，哼（驕傲）。」

那麼就跟原本下來玩的目的背離了哦，所以說天機淺，意即搞不清楚自己在幹嘛了。

古之真人，不知說生，不知惡死；其出不訢，其入不距；

南華真人可能對反例感到很母湯，簡單地提了兩句，又回到古之真人了喔。

「不知說生，不知惡死」這個「說」是「悅」的意思。這裡他說呀，以前的真人呢，不會貪戀活著的狀態，也不會說要掛了就怕得不行。因為他來這趟沒有遺憾喔，該幹嘛幹嘛了，那麼到了該關園的時候，包袱款款就可以很滿足很瀟灑地回飯店休息了嘛。

反過來說，屈服者跟嗜欲深者可能就會比較有遺憾喔，一個委屈了自己沒去玩些自己想玩的，一個從頭到尾在買熱狗跟爆米花桶。就都有點搞不清楚狀況這樣。

「其出不訢，其入不距」這個「訢」同欣喜的欣，「距」同拒絕的拒。他從原本的世界跑出來玩，到了這個世界來，沒有什麼特別欣喜的感覺喔；那麼到了有一天要回家的時候，他也不會特別去抗拒，就是該走了嘛，很平常心的狀態。

翛然而往，翛然而來而已矣。不忘其所始，不求其所終；受而喜之，忘而復之

翛字念蕭，就是逍遙的逍。這樣子逍遙地來、逍遙地走，那種好像沒什麼牽掛的樣子喔。

「不忘其所始」，這裡是說他心裡知道自己是有個來處的，譬如我們去遊樂園玩，知道早晚要回家嘛，不會說進了遊樂園就真的把遊樂園當成家喔，但現實生活中，很多人會把這個物質世界當成真正且唯一的世界，因此到了要走的時候，反而就忘記了自己要回去這件事了。

「不求其所終」，而在到了要走的時候，就不會刻意地追求說啊一定要去什麼極樂世界不可，就很自然地走了，走了就走了嘛，至於走了去哪裡？當然是回家睡搞搞囉，睡飽了再出來玩啊。

「受而喜之，忘而復之」，來都來了，就開開心心地好好玩一玩喔，不要整天擺個臭臉好像人家欠你這樣；忘也有喪失的意思，就是要掛啦，走了就走了喔，不過是回家而已，不必搞得大家在那邊罵罵號[56]或是很嚴重這樣。

就是一種很輕飄飄、很自然地經歷了一段旅程的感覺而已。

是之謂不以心捐道，不以人助天

這樣的境界呢，不會因為自己的喜怒哀樂而去遺棄了道（那個捐有遺棄的意思）；也不會用人的角度，去干預一些天該管的事情喔。這裡就又回到一開始啦，什麼是人該做的事情、什麼是天該做的事情。

56. 哭哭的意思。

什麼是遊客該做的事情？就是好好玩啊。

什麼是遊樂園園方該做的事情？提供代幣啊、規範代幣機制啊、還有遊戲獎勵啊之類，這些事情你不要去干預園方的運作嘛，你就玩你的喔。這裡我補充一下，啊如果一狗票遊客都不去玩設施，都跑去搞遊戲代幣，會發生什麼事情？

園方就會讓代幣變難搞啊，讓你們別再來搞代幣了，我拜託你去玩喔。可是如果腦子不清醒的遊客，發現代幣難搞了之後他會怎麼樣？

更死命地、可憐巴巴地搞代幣啊。

可是如果一個園區大家都在玩設施、看劇場，那麼一些吐遊戲代幣的設施自然就不會設計得這麼難玩喔，反正你們玩得開心就好。因此記得，如果腦袋要不清醒，非要搞代幣不可的話，也別在那種大家都在搞代幣的園區搞喔。

你會一天被當作三天操，沒辭操到死，沒死操到辭的。

到了這種程度的人，我們就稱之為真人。

白茫茫真乾淨的全真派

全真派在著名的重陽祖師之後，有全真七子。分別是馬鈺、譚處端、劉處玄、丘處機、王處一、郝大通與孫不二。其中的郝大通，字太古，因此又被稱為郝太古，然而直接說郝太古各位可能不大熟悉，但如果提到華山派[57]的話，大家應該就比較有印象了。

而郝太古正是全真道[58]內，華山派的創派祖師。

郝太古之後，有徒弟盤山真人王棲雲，這位全真高道在心性修煉上的見解相當

57. 說得好，我華山派——（欸！

58. 全真的支脈很多喔，目前最常見的應該是龍門派。但根據記載，當年的全真七子都各自有留下法脈；再加上南北二宗的合併，就形成了各種支脈。

獨到，因此這裡要引用的就是他的著作《盤山語錄》。既然說到「真」，我們就來對比看看後世的全真道，與當年的莊子，對於「真」的理解有沒有共通之處。

或問曰：初心學人，修煉心地，如何入門？

有人問盤山真人，初心者怎麼上路呀？怎麼入門呀？

答云：把從來恩愛眷戀，圖謀較計，前思後算，坑人陷人底心，一刀兩段去

這一段說的恩愛眷戀、圖謀較計、前思後算、坑人陷人的心（「底」是元代用語，通「的」）都切割掉喔。那麼對應當年正一真人的三魂[59]說，這裡很明顯說的就是爽靈。

這在《大宗師》裡頭叫做什麼？

59. 三魂＝胎光＋爽靈＋幽精。只有胎光屬陽，另外兩個都屬陰喔。

不謨士。

意即你別去管別人嘛。坑人當然也是一種管喔，你看不下去了想出手去干預別的生命，只是用的手段會傷害到別人，我們就叫坑人。至於「圖謀較計」，本來就也是謨的本意。

不去干預別的生命，只專注在自己要前進的道路上，這是真人的特質。

又把所著底酒色財氣，是非人我，攀緣愛念，私心邪心，利心欲心，一一罷盡

再把這些酒色財氣阿、是非人我的執念阿、情慾愛恨阿，以及由此產生的私心、貪念，還有為了貪念又衍生出種種害人的念頭等等，這些ㄉ咪阿都要通通丟掉喔。

這裡雖然講了這麼多，其實就只是在說一件事情‥幽精。以上那些敘述，也都是幽精的特色。

而對應《大宗師》裡頭，是怎麼說的？

「其耆欲深者，其天機淺。」

你要去沉迷酒色財氣，你要去沾染是非人我，乃至於於各種愛恨情仇對不對？那麼你就會很容易忘記，自己當初是為了什麼來這個遊樂場的喔，大老遠來這趟，你究竟想體驗些什麼呢？

難不成就是來喝酒[60]的嗎 www？

外無所累，則身輕快，內無所染，則心輕快，久久純熟，自無妄念

三魂之中，爽靈跟幽精屬陰，而胎光屬陽。當把陰的部分都趕跑了，自然陽的比例就蹭蹭蹭地上升啦。陰為濁，把陰趕跑了所以無所累、無所染；陽為清，陽的比例上升了，所以身心輕快喔。

那麼常常用這個路徑去鍛鍊自己的心性，或者我們說性命雙修的性功，久了自

60. 其實喝酒喝出新高度的，也是大有人在，譬如杜康嘛。所以雖然這樣舉例，但各位知道意思就好，不要自我設限喔。

然就純熟啦，可以一直保持在這種很舒服的狀態之中，無妄念嘛。

這裡則對應了「不以心捐道，不以人助天」。

不硬要去幹些不是自己該幹的事情，自然是很輕快了。不，豈止輕快，整個人的狀態都會相當清爽才是喔，用佛家的話怎麼說？

一線斷時，落落磊磊。

更時時刻刻護持照顧，慎言語，節飲食，省睡眠，表裏相助，塵垢淨盡，一物不留

隨時隨地都要求自己保持在那個清爽的狀態之下，小心說出的話、別老愛貪睡[61]，讓裡面的心性跟外面的行為可以合一。那麼髒東西自然就都清掃乾淨啦，我們說斷捨離收納術嘛，只不過人家收的是房子，老真人收的是自己的心喔。

對應《大宗師》裡頭的話呢，是這一段：

61. 道門有一種狠人修練方式，就是在庚申日不睡搞搞，用這種方式把三尸逼到崩潰，但是以現代的生活方式，是社畜們先崩潰還是三屍先崩潰，還真不好說。

知天之所為，知人之所為者，至矣。

既然知道了什麼是要讓老天爺去做的，而什麼是應該讓人去做的，之後呢？就老老實實地把自己要做的事情做好，也就是了。

而既然要做，就要落實到生活之中喔，所以無時無刻都會去注意自己是不是又越界了。這個「界線」非常重要，未來有機會的話，我們針對界線再好好開一篇文章來聊聊，當年南華真人也為這件事情講了好大一篇（順便婊了一下孔子ｗｗｗ）。

可以說，只要你跨越了界限，就是痛苦的開始。

那條線……就決定了一個人是身處地獄，或者天堂。

他時自然顯露自己本命元神，受用自在，便是箇無上道人也

那麼既然不圖謀計算、也不耽於慾望，那麼識神這下子沒事做啊，就放無薪假去了喔；我們說識神退位、元神啟動歸位嘛，於是到了這裡，你才終於作回你自己。

我與我周旋久，寧作我。

到了能夠**把這些不必要的東西都去掉**，並達到如此自在境界的人，就是一個**無上道人**了啊。當然，如果要用《大宗師》裡頭的話講，我們就也稱呼他為……**真人**。

而這些**不必要的東西**，因為很多又很雜嘛，我們就稱之為「萬物」。至於能夠**把這些不必要的東西都去掉了**之後，落了片白茫茫大地真乾淨[62]的狀態，我們也給了他一個形容詞，就姑且叫作：「一」。

曹文逸的仙女筆記本

在前面的〈全什麼真〉一節中（P.82），我們聊了莊子與全真道眼中的真，當一個人的心性被諸多外物所牽時，他是沒有辦法好好做自己的，或者我們說去好好完成自己想要的體驗的喔，這時候就像是被各種線頭拉扯住的魁儡，看著是你，其

62. 語出《紅樓夢・飛鳥各投林》：「為官的，家業凋零；富貴的，金銀散盡；有恩的，死裡逃生；無情的，分明報應。欠命的，命已還；欠淚的，淚已盡。冤冤相報自非輕，分離聚合皆前定。欲知命短問前生，老來富貴也真僥幸。看破的，遁入空門；癡迷的，枉送了性命。好一似食盡鳥投林，落了片白茫茫大地真乾淨！」在這裡，乾淨的不只是富貴與家業，也有隨之罷盡的繁華心喔。

實一言一行皆不由己。

線未斷時為假，而線斷才為真。

那麼中間的這個**拔線**的過程，我們又稱作「損」。這個損是減除之意，把那些有的沒的干擾都損去了，落得個白茫茫大地真乾淨嘛，到了這個地步，因為真的是很乾淨，所以我們就把這個境界叫做「清淨」。

在《道德經》中，減除了以後再減除，把斷捨離一直貫徹下去，貫徹到緊繃，就成了「損之又損」、「乃至於無為」。因此這個境界，我們同時也可以稱之為「無為」。

既然清淨了、無為了，那麼怎麼樣呢？

「無為而無不為」——《道德經．第四十八》

宋代有位曹文逸真人，後來據說也飛升去當仙女了喔，在她的《靈源大道歌》裡，把這段話換了個比較文辭優美的說法：「初將何事立根基？到無為處無不為。」

在這裡，曹文逸真人跟王棲雲真人的看法是一樣的，入門的路線都寫在這裡了。

而當摸到了「無為」的門檻時，這裡就開始是行法、持符，乃至咒語能夠穿透重重限制，在現實世界中發揮效力的關鍵了。因為到了這裡，道人們才能夠做到「**無不為**」。

但是，在理論上說來很簡單，實際上能夠常住在這個境界的人，都已經是妥妥的真人級別高手了，作為休閒玩家的我們，或許可以先追求看看能不能偶爾碰到一下下喔。

於是為了讓我們這種先天資質不是特別好的普通人，也有機會碰到，人家道德天尊在漢代時，就忍不住下來傳授祕訣了喔。

可作為道門宇宙之中最高位的三清之一，總不可能什麼事情都事必躬親自己來啊，人家紫微星主都有北極四聖了，道門至高神當然也是需要一位代理人來幫他招生、發講義呀。

於是有了張祖天師，以及他的正一道。

說得好！我正一派……

「至陽平山修行感遇太上老君。於漢安元年正月十五日親授盟威經籙二十四品，三五斬邪雌雄寶劍，陽平治都功玉印。」——《崆峒問答》

這裡是說祖天師在陽平山這個地方修行時，遇到了太上老君。太上老君是誰？AKA道德天尊、道教主神喔。那麼道德天尊也很阿莎力，既然挑選祖天師作為代理人，當然是要給些見面禮嘛，於是傳授了祖天師二十四品的盟威經籙，因此正一道又別稱：正一盟威道。

這邊容我打個岔。祖天師是東漢時代的人，按照道門典籍的記載，他老人家曾在陽平山修煉，後來開創了五斗米道，並且在益州（四川一帶）廣傳。

到了祖天師飛升離開之後，二代天師由長子張衡繼任，據說也是在陽平山飛升的。

到了第三代天師時，已經是東漢末年分三國了，那時曹操就曾經在陽平山上的**陽平關戰場**上被阻擋過（祖天師顯靈啦？），而對手陣營正是張魯，AKA 第三代天師、漢中軍閥、五斗米道領袖。

張魯後來打著打著就降了曹，本人也得以封侯，因此當時漢中這支的五斗米道，在曹魏政權的治下還算吃得開喔，很快地就往江南等地傳播過去，並逐漸演變成晉代的天師道。而到了張魯的兒子時，張家就把根據地遷往龍虎山啦，直到今日。

回到天師的寶物套裝。

除了經書之外，那個年代還不流行噴子與慶記[63]，於是道德天尊又送了祖天師兩把大寶劍，剛好成對、一雄一雌，又名雌雄雙劍、雌雄斬邪劍（劉備：我盜了版嗎？）。

關於雌劍下落的說法有兩個版本，一說是留在龍虎山天師府內，一說則是在晉代就不小心搞丟了；那麼雄劍呢？在天師傳到了六十三代時，正值國共內戰，蔣校長當時力邀六十三代天師來台，**據說**雄劍就這麼讓天師給隨身帶來台灣了[64]。

至於陽平治都功印，在粉專中我們曾經聊過祖印與鎮山印的故事，如今這枚傳

63. 意即子彈啦，譬如我們說台中市是慶記之都……等等，好像有人敲門？

64. 至於來台灣之後被放哪去了？不可考。如果有知道消息的朋朋，再麻煩不吝分享一下。

說中的陽平治都功祖印，據說也在台灣，一樣是當年國軍來台時一起被六十三代天師給攜來的，後來輾轉經友人之手寄存於台灣銀行，想不到吧ＷＷＷ。

而天師的重要財產之中，除了劍與印以外當然就是天師府啦，在正一祖庭龍虎山天師府內大大小小眾殿宇的門前楹柱之上，總共有二十六幅對聯。其中三清殿[65]外的對聯是這副：

「道生一，一生二，二生三，三生萬物。」——上聯

「人法地，地法天，天法道，道法自然。」——下聯

這副上聯中的「道生一，一生二，二生三，三生萬物」同樣出自道德天尊的講義，在《道德經．第四十二》。但這是從他老人家站在山頂的角度看喔，在道門宇宙的世界觀中，天地之初乃是從道而始，再來一、二、三最後到萬物，這樣子順著演變下來，好像是再正常不過的事情；可若換成我們這些休閒玩家站在山腳的角度看，這個順序是要反過來的。

65. 供奉道教至高神的殿宇。道教的三位最高神分別是道德天尊、靈寶天尊、元始天尊，合稱三清。

你要想辦法從萬物回到三，三回到二，二再回到一啊！

當你有辦法回到這個一，之後就可以再順著成二成三成萬物了，於是怎麼樣？又是「**到無為處無不為**」，**這也正是所有祈禱與咒語的關鍵**。因此，如何運轉如意地回到一，甚至能夠常常維持在一的狀態，就成為了歷朝歷代修行者的功課所在。

當然，也是**正一道**的追求所在。

那麼祖天師的傳承，從他開始算起是第一代嘛，到了清朝康熙帝時已經傳到第五十四代，前面提到的《崆峒問答》便是五十四代天師的著作，號稱道教界的十萬個為什麼。

這本問答集中，紀錄了康熙帝與五十四代天師的對話，康熙總共提出了三百二十七道題目，而五十四代也都一一盡心解答，如果各位有興趣的話可以去翻閱一下，保證能夠感受到五十四代那無比的耐心喔。

那麼在問答集中，關於正一的起處，康熙帝問了兩個問題：

第三十九問：如何釋「正」？

這裡我們玄燁大大已經問到第三十九題了。各位可以試想一下，面對皇上在你面前連續提問，一個回答不好可能就會出大事喔，輕則砸了祖宗傳下來的招牌，重則掉了自己的腦袋。

在這種高壓之下，五十四代要連續招架皇帝大大三百二十七題，然後做到絕對防禦、不能破防。嘖嘖嘖，真的容我說聲 respect！

於是玄燁大大開口問了：「你們既然叫做正一派，那麼什麼是『正』呢？」

答曰：養其自然而已。

五十四代的回答是：「養其自然」。這個自，有原本的意思；自然，就是指**原本的那個樣子**，不是我們現代話說的親近大自然的那個自然喔。所以這個正字，在五十四代的解釋中其實就是回到本真狀態，而什麼是本真狀態呢？還是那個「一」。

第六十一問：何謂正一？

到了第六十一問時，玄燁心機很重喔，回馬槍又重問了一次：「什麼是正一？」看你前後會不會答得不一樣嘛。

答曰：正者不邪，一者不雜。正一之心則萬法歸一，故曰正一。

五十四代在這裡回答了，「正」有不邪的意思，而邪就是「斜」，傾斜的斜。心性如果走上了歪路，就叫做斜，也叫作邪（就像Costco我都念Costco）；「一」有純粹、不含添加物的意思。因此正一的核心，就是萬法歸「一」。

還記得前面《道德經》中的那句一生二、二生三、三生萬物嗎？到了這裡，我們要從萬回到三、三回到二、二回到一。所以才有了**萬法歸一**這句成語，又名正一。又是「白茫茫大地真乾淨」喔。

倒退用力嚕回去

在本品中，我們深入淺出地（有吧？）講解了「真」與「一」的概念。現在各位既知道了由一到萬的**凡人之路**，也知道了由萬到一的**修煉之路**。順著一二三走下去的叫做凡，逆著三二一走回來的叫做仙，而所有正統的修煉方式，不論是靜坐冥想、凝神、存想、睡功、誦咒（淨土法門）、參苦情疑情（話頭）等等法門，都不該脫離這個**逆生**的最高原則喔。

因此在三手祖師的作品裡面是這麼說的：「順則凡、逆則仙，只在中間顛倒顛。」

已經回到一的各位，要怎麼再把這個一的狀態，引導到自己想要的效果上呢？這就有賴於收放自如的顛倒顛了。有些人透過符籙，有些人透過祈禱，甚至還有請神、存想等等諸術。而在這本魔法書中，我們則著重在咒語部分的介紹上。

在前面章節，我們經歷了**見山是山**、**見山不是山**。

下一品開始，讓我們一起來試試**見山又是山**，並且讓那座山**變成你想要的山**。

第四 保養品

上一品中，我們討論了咒語的「神」之重要，也就是咒語的內在精神。在道門宇宙中講究**形神合一**，因此接下來，我們將介紹具體咒語的「形」，也就是咒語的具體形式。然而道門咒語的種類繁多，有些需要配合罡步、手訣或門派傳承等，使用門檻較高一些。

因此在本品與下一品之中，我們將分成「從裡」、「到外」兩個部分，來介紹幾個沒有太多限制，又實用性高的咒語。

這些咒語涵蓋了日常保養、靜心養性、功名升遷等多種功能，適用於不同修行需求的道友♡[66]。但最最重要的，仍然是那個「一」。

66. 這個是愛心的符號♡

挑戰柔順極限——道門黑長直護髮之術！

道門衣著的最高等級中，有所謂的道門三冠。三冠分別是太清魚尾冠、玉清蓮花冠以及上清芙蓉冠，大家如果常常看古裝劇的話應該就會有印象。以前的道人們，是用簪子穿過頭髮去固定道冠的，這個簪法又有早期比較流行的子午簪、跟後來比較流行的卯酉簪之分。

（按：子午簪就是簪子那個尖尖的朝前，象徵任督二脈的運轉；卯酉簪則是插橫的。）

然而戴冠要戴得好的關鍵是什麼？

首先要有茂盛的頭髮啊！

如果頭髮不夠茂密的話，別說髮簪插不上去，這些行法時象徵神職地位的道冠也沒辦法牢牢固定喔，就像在齋醮科儀時，高功法師要踏禹步嘛，這時候頭上的道冠冷不防給你歪45度角或者垂一邊，阿娘喂你扶與不扶都一樣尷尬[67]，大型科儀現場一秒就變成大型社死現場。

退一百萬步講，就算不是純為了行法時的威儀，平常出門約會啊、吃美食喝下午茶自拍啊，甚至是嚴肅一點譬如貴人召見啊之類的場合時，一頭烏黑亮麗的頭髮再怎麼樣也是大勝稀稀疏疏嘛，所以古代的道士們對於頭髮的保養也是相當重視的。

為了整體顏值的提升維護道門威儀，很早很早以前的記載當中就有了這個保養頭髮的咒語。而這個咒語雖然看似簡單，其實卻是自成一個小系統。認真要追溯的話，甚至可以追溯到古上清經的修練體系。

因此不論是從美顏的世俗實用角度，還是做為修練高級法門的先備角度，我都認為這個頭髮咒是非常值得放在首位來學習喔。

那麼事不宜遲，這次要打開的講義是《登真隱訣》[68]：

理髮向王，既櫛之初而微祝曰：

67. 當然拜現代科技所賜，我們有了聚酯纖維紗帽＋道冠的變通組合，但就算這樣，能直接戴在頭髮上的話還是比較帥啊啊啊。

68. 陶弘景真人的小本本，整理了上清派各修練法的關鍵起手式，堪稱內煉系列的筆記之王。

「泥丸玄華，保精長存，左為隱月，右為日根，六合清鍊，百神受恩。畢，咽液三過。」

能常行之，髮不落而日生，當數易櫛，櫛之取多而不使痛，亦可令侍者櫛取多也。於是血液不滯，髮根常堅。

在這裡，陶真人是怎麼說的呢？

理髮向王

這邊的理髮不是現在我們說去理髮廳剪頭髮的那個理髮喔，而是指整理頭髮。古人流行仙氣滿滿、長髮飄飄的造型，整理頭髮是一定要用梳子梳的，因此這裡的理髮，其實就是在說梳頭髮。

梳頭髮時要怎麼樣呢？要「向王」。這個王，通旺字，也就是**向旺**。

在古代，我們說萬事萬物皆有五行，方位當然也是。而在當下的時間，氣場最強盛的方位，我們就稱作旺地。旺地要怎麼找呢？

春三月旺在東；
夏三月旺在南；
秋三月旺在西；
冬三月旺在北。
（按：以上月份皆為農曆。）

所以這句話的意思其實是在說，梳頭髮時你要用這個咒語，那麼首先呢先面向旺地，譬如現在是農曆二月，屬於春三月嘛，那麼就朝向東方來梳頭髮；而如果是農曆七月，是屬於秋三月呀，我們就朝向西方梳頭髮。

其中比較要注意的是冬月旺在北，可是古道門以正北為尊貴之方，所以通常會稍微側身一下避開正北方喔。但對現代人來說，我相信不可能這麼準確停在指南針三百六十度的地方啦，所以稍微知道一下就好ｗｗ。

既櫛之初而微祝曰：

要開始梳頭髮的時候，就可以輕聲念咒了。

這裡我想補充一下，一般在道門典籍中看到微祝的時候，大多數狀況下是代表念給身神聽的；而如果是要念來恐嚇外邪時，就會採用高聲祝；如果是念給自己聽的，或者純用來鍛鍊專注的時候，則一般用密祝或心祝。

泥丸玄華，保精長存

前面既然說是「微祝」，大家就知道是準備召喚身神了呀，在道門宇宙中認為「身中諸內境，三萬六千神」，亦即所有身上的部位都有內建的神祇，而這些身神又可以與天神相對應，因此在當年的上清派就有大量修煉身神的法門喔，由於體系太龐大，這邊先稍微知道一下就好。回到召喚身神，這裡要召喚的是哪位身神呢？

「腦神」與「髮神」。腦神精根字泥丸[69]，在此以泥丸稱之；髮神名玄文華[70]，

69. 出《太上黃庭內景玉經》：腦神精根字泥丸，眼神明上字英玄……（下略）

70. 出《九真中經黃老秘言》：髮神名玄文華，字道衡；皮膚神名通眾，字道連……（下略）

在此則以玄華稱之。

（按：泥丸神在上清體系中有相當特殊的地位，是許多高階修法的必備前置。而玄是黑色的意思；華則是花的古字，有綻放、吐露的味道，因此「玄華」其實也是**烏溜溜地綻放**之意。）

召喚他們要做什麼？接下來的就是祝辭部分：「保精長存」，即是請兩位頭部的大神幫忙一下，保存體內運送到頭部的精華不要跑掉，盡量做到延長保鮮期嘛，而有了這些血氣精華，頭髮才得以生長旺盛。

左為隱月，右為日根

不同的版本中，有左右互換的情形，但這裡的重點不是左右問題，而是**隱月**跟**日根**。對於非上清法的修者而言，這兩個單字會很晦澀難解，甚至有解釋成雙眼的（啊人家咒語在頭毛是關眼睛什麼事啦XD），但在接觸過上清經法的修者眼中，這句話代表的是咒語本身的修煉脈絡。

71. 出《上清太上八素真經》，知道一下就好啦。

72. 一位傳說中（？）擅長月亮系法術的仙子。

在上清經[71]中，有所謂的**上真之道七種**、**太上之道三種**、**中真之道六種**與**下真之道八種**，分別象徵了不同的修煉位階，意即你技能點點滿之後所可以達到的最高成就。譬如在傳說之中，我們祖天師AKA漢代月野兔[72]所主修的《結璘奔月章》[73]，就是七種上真之道之一，因此當他修成正果之後，那粒正果當然就特別大顆喔；而咒語中所提到的隱月及日根，則是同屬上真之道中的《紫文經》[74]裡頭的段落名稱，因此從這裡就可以知道這個咒語的修煉體系，與《紫文經》有關連，甚至可以作為修煉《紫文經》的先備修煉。

這裡補充一下，所有的上真之道照說都有好幾個先備修煉需要滿足，用現代化說叫做**前置技能點**，這個前面沒點好就直接跳去後面的話，那是練不出什麼花來的，因為最基本的專注能力或者存想能力都還跟紙糊的一樣，所以在這邊大家先當做故事看看就好，別貿然去搜尋了然後瞎練喔。

但是、如果、或許，在各種因緣際會下，各位能夠遇到並把前置修煉先弄得純熟了，那麼也自然會有人跑出來跟你說下一步該怎麼走的。道門之中比起徒弟找師父，更流行師父找徒弟喔，反正就是一種貴圈真傲嬌的狀態這樣。

73. 別忙了，正常來說網路上應該找不到完整版本了 QQ

74. 全名是《金闕靈書紫文上經》。隱月的段落是裡面的《藏天隱月之經》；日根的段落則出自《採飲飛根吞日氣之法》。但前置技能還沒到以前，稍微知道一下就好。這些經文用看的很簡單，真要跳下去練恐怕是不只一輩子的事情喔。

閒話休提，繼續咒語。

六合清鍊，百神受恩

這裡的「六合」，在道書註釋中是鬢下，也就是鬢角區域。意思是除了頭殼裡面的腦神、頭殼外面的髮神以外，連這些邊邊角角的地方都要照顧到喔。隨著咒語的誦念，人的心念會自然掃過念到的地方，因此在此又加上了鬢角阿美人尖啊來補強一下咒語的完整性。

「百神受恩」則是把其他頭部沒有被點到名的身神都歸屬進來，主打的就是一個**雖然不重要**[75]**，但也沒漏掉**哦。

畢，咽液三過

一邊梳頭髮、一邊念咒語。念完之後我們吞嚥口水三次。

75. 單單針對讓頭髮黑長直這件事情而言。不同的修練體系中，各位身神的重要程度不同，並不是說在所有狀況下，這些沒念到的身神都不重要嘿。

如果是平常有靜坐習慣，或者有練習過正念的各位，在放鬆的專注狀態（是的，放鬆跟專注並不互斥）下，舌根應該會很容易泌出唾液，這在道門宇宙中可是寶貝喔。而在頭髮咒的環節中，我們輕輕把這段時間分泌的唾液分成三部分嚥下。

能常行之，髮不落而日生，當數易櫛

可以常常行持這個法門的話，古書原文中怎麼說的？能夠減少掉髮量，並且越長越多喔。那麼在梳頭的時候可以多準備幾把梳子作為替換，為什麼要替換呢？我曾在某本註釋中看過，理由是為了不要讓梳子梳到發熱。雖然不知道是古人手勁比較猛，還是以前人髮質不好摩擦力比較大，還是什麼緣故，竟然會去擔心把梳子梳到發熱的問題（驚），但我想現代人應該不太會有這個困擾……吧？

櫛之取多而不使痛，亦可令侍者櫛取多也

櫛，就是梳的意思。多梳幾次是沒關係的喔，主要別梳到會痛就好，那可能會傷到頭皮嘛。

「亦可令侍者櫛取多也」就是說可以讓婢女啊或者僕僮啊之類的人，來幫你多梳幾次，因為自己梳、頭髮又長的話可能手會容易痠嘛，所以讓人家來梳，自己就念念咒語就行啦；那麼以現代人來說的話，可能女生頭髮會比較長喔，我們就可以讓老公或男朋友[76]來幫忙多梳幾下。

於是血液不滯，髮根常堅

這樣子常常梳頭，就算不討論咒語那些比較玄的層面，多梳幾下頭皮，也能夠讓氣血循環嘛，那麼就能收到原文中所說的，促進髮根穩固的效果喔。進而可以好好地戴穩那個客製的華麗芙蓉冠嘛。

76. 侍者＝老公。

77. 因為他朋友朱重八後來對他不太好 QQ，據說放任跟他結仇的大臣假借名義派醫生餵他吃毒藥，哀傷的結局。

櫛髮咒後記1

明代時有位誤交損友[77]的大高手叫做劉基，AKA神機妙算劉伯溫、大明誠意伯。他本人雖然一生忙於官場，應該沒去（也沒空）當道士，但上班以外的時間卻又與道士朋友們頗多來往。我們看他寫給好朋友的詩，其中有一首就叫做《道士周玄初[78]鶴林行》。在詩中他們聊到了什麼？

「云是旌陽許縣令，躡蹻佩劍來相尋」

許旌陽是四大天師[79]中的許天師，這裡看來劉基是懂淨明道[80]的。

「焚香獨坐誦真誥，墜露點滴流華星」

78. 這位道士在當時也算是SSR級的，關於他辦超渡法會買一送三的故事，我們有機會再……>///<

79. 大家公認的四位頂尖道教猛人。

80. 張天師的道脈我們稱正一道；許天師的道脈則是淨明道。每個道脈都有它自己的核心思想與內密，這邊知道一下、說得出名字就好。

這本《真誥》，跟前面咒語出處的《登真隱訣》一樣，都是上清派大宗師陶弘景的小本本。從這邊看來劉基也是懂上清派的。

由此看來，劉基雖非道士，但其實對道學或者道法應該是具備了相當程度的研究的。而他在自己的其他作品中是怎麼稱呼**頭髮**的？

「玄華柔軟，總被秋霜染」[81]

這裡就能得知，劉基寫詩的時候應該已經是比較後期了喔。他說頭髮雖然還柔軟，但仍然抵擋不住歲月，漸漸地被染白了。可如果搭配前後文看，染白他的哪裡只是歲月，實際上應該是那種無可奈何的心情喔。早跟你（朱元璋）說過胡惟庸不能用，早晚會讓大明翻車，你偏偏硬要用，挖哩咧……（鄧桌仔＋吐血）。

因此各位也不要靠勢有了黑長直頭髮咒，就不顧日常的耗損。用咒之餘，加上愉快的心情（看看伯溫兄），以及正常的生活作息，才是真正能夠**保精長存**的全套搭配哦♡

81.「三更鳴雨，濕透桃花臉。珠箔未登鉤，早飄落、猩紅數點。碧雲如夢，人去巳無蹤；金泥鳳，玉蟠龍，寂寞蛛絲檢。玄華柔軟，總被秋霜染。永夜擁寒衾，耿青鐙、膏凝暈閃。銅壺漏水，應是接天河；一聲去，一聲來，空把重門掩。」看完了真想幫伯溫拍拍。

櫛髮咒後記2

這個咒語我很久很久以前就聽說過了，但自己真正上線試用其實也是這一兩年的事情。

說也奇怪喔，本來我是一個性好清爽的人，所以髮型上也是短短的、簡單俐落就好嘛，但就在開始使用這咒語後約莫快一年的時間吧，竟然莫名其妙地有了想要蓄髮的念頭。

於是維持了已經將近十年不變的髮型，就這樣隨著一個念頭的改變逐漸變長了……。

「髮不落而日生」或許剪頭髮也算是一種被櫛髮咒認定的髮落吧，但確實也是留得滿快樂的就是了ＷＷＷ。

預祝各位生髮愉快<(￣︶￣)>

水遁——乾乾淨淨之術！

道門是一個相當愛乾淨的群體，日常活動中幹得最多的事情不是燒香誦經，而是齋戒沐浴。

因為在眾多的道經和規範中，都反覆強調「務令嚴潔」的重要性喔。然而內心的乾淨，我們可以依靠「真」或者「一」的修習，也就是齋戒；可是身體又要怎麼辦呢？我們說身在江湖飄、很難白抛抛[82]喔，這具機動人形總有各種不小心被弄髒的時候，就算就算真的很小心地不去沾染到外在的穢氣，由於肉質的身軀屬陰，他自己也是會慢慢堆積出油耗味或各種異味。

所以道門常常鼓勵人家去洗香香，也就是道書中所說的沐浴，或者澡雪（濕擦）。

按照陰陽哲理，但凡有陰之處就必然有陽相伴。髒東西也是一樣喔，既然有有形的穢物，就必然也有無形的穢氣。有形的髒東西我們透過沖洗、擦拭去清除，那

82. 台語，形容白白閃閃、乾乾淨淨的樣子。

麼無形的穢氣呢？

這時候就有賴於解穢的水法啦。

在南北朝的《洞玄靈寶道學科儀》一書中，曾明列了道人們在路過人間時，常常會遇到的五種穢氣。分別是：

自投穢：指道人自己不小心沾染到的穢氣，例如走在路上，有鳥大便掉下來砸頭上了，這就是**自投穢**，或者其他有的沒的髒東西掉下來K到，或者踩到狗屎，也都算喔。

偶見穢：指道人無意中看到的穢氣，例如在雲遊的路上看到死屍（像爬喜馬拉雅山就會很容易遇到倒在路邊的「前輩」），或者在野外撞見人家在野外露出PLAY。不過現代人撞見野外PLAY可能會先偷偷打卡……（？）

自求穢：指道人明知有穢氣，但仍因為各種原因，還是主動去接觸的穢氣，例如去參加喪禮，或者去醫院探病等等。

勢位穢：指因勢力地位所迫而接觸的穢氣，例如官員因公去弔唁，或者去看望患病的下屬。

交居穢：古代的人家常常會畜養六畜嘛，那麼家中的牛阿、豬阿在生產時，動物的血液、胎盤等污穢物會溢流散落，因此那種場合也被認為會有一種穢氣喔。

那麼在碰到了所謂的穢氣之後，有些人可能比較敏感，就容易有身體不舒服或心神不寧的情況，這種時候我們就可以使用解穢水法啦，咒語全文如下：

●四大開朗，天地為常；
玄水澡穢，辟除不祥。
雙皇守門，七真衛房；
雲津灌練，萬氣混康，
內外利貞，保茲黃裳。●

直接念是沒有問題的，但是為了預防有人想知道是什麼意思，我還是把註釋留在下面。

四大開朗，天地為常

這個四大不是地、水、火、風喔，那是隔壁棚[83]的說法，道門的四大是什麼？是「道大，天大，地大，人亦大」。

意思是「**道**」本身是所有運行規則的總綱，而天與地同樣蘊含了這些運行的規則，這沒什麼稀奇的，不然我們幹嘛拜這些天神、地祇呢？但在這以外，道德天尊也說了「人亦大」，代表**人的本身**同樣蘊含了這些又玄又奇又形而上的特質。

因此第一流的修煉，不是去外面找個標的來崇拜，而是這個人肯在當下把煞車踩下去，方向盤一個 U-TURN 打到底，**車車**從此往回開喔。

往回開了以後於是怎麼樣？才有機會「逆則成仙」[84]嘛。那麼這個最基本的修練邏輯，佛門的 SLOGAN 是很常掛在嘴邊的回頭是按喇叭岸，同樣是讓你從聲光效果十足的金錢跟地位追求中快點往回走的意思。

講個水法扯到這裡有點扯太遠了，我們先回來。

「四大開朗」是把心念的鏡頭放大放遠，存想整個空間都為之開闊清朗；「天地為常」則是說人（誦咒者）與天、地具有同樣崇高的本源，因此難以被汙穢沾染。

83. 佛家啦。

84. 佛門說回頭是岸、孟子說反求諸己，講的都是同一件事。就是別去外面瞎晃啦，快回來吧孩子 QQ

玄水澡穢，辟除不祥

玄字有形而上、通幽的意思，同時玄字在五行上也屬於水，因此玄水也有讓凡水變成法水的意味在。「玄水澡穢」代表了手中的法水能夠洗滌掉污穢，而且除了滌蕩穢氣以外，它還能「辟除不祥」喔，把這些穢氣所帶來的負面效果同時排除掉。這句咒語的目的，在於賦予手中的 H_2O 神聖屬性，讓它變成神聖 H_2O 這樣。

雙皇守門，七真衛房

由於很多穢氣侵入的途徑是眼神交感，舉個大家比較容易理解的例子，小時候如果經過別人家喪事的白棚子，家中大人都會把小朋友的眼睛遮起來，就是出自於避免穢氣藉由眼神的交感而侵入的考量，而用台語來說就是怕小孩子去「煞到」。在道經[85]中，雙眼又對應了日月，因此在這邊祝禱「雙皇守門」，是在提醒雙眼的身神卡認真欸，當好穢氣守門員喔，遇到髒東西的話，在這邊就要進行阻擋了。

85. 出《太上洞玄靈寶業報因緣經》：「頭圓象天，足方象地，左眼為日，右眼為月」。

「七真衛房」則是指人的頭上常有北斗七星覆映，而北斗七星也被大量應用在各式道法之中。在這邊則擔綱了保衛身命的功能。藉由祝禱的方式，讓七星的星象自然而然地在意念中浮現出來，進而使穢氣與邪氣難以侵入。

雲津灌練，萬氣混康

「雲津灌練」這裡的雲津指的是從雲端而降的甘露，用《西遊記》的話說就叫做無根水喔，由於還沒接觸到地表，被古人認為是比較純淨的一種水。那麼洗東西用純淨水，才會越洗越乾淨，這個灌練，也是洗滌的意思。

「萬氣混康」藉由前面的雲津灌練，讓體內的精氣們能夠恢復安寧與祥和。這個康字就有安寧、祥和的意思。

利貞是易經用語，利有大吉的意思，近似我們說的「大吉大利」；貞就是正的意思，意即所有的精氣都被擺放到該擺放的位置了，這就叫做正；如果點名時有多出來的、或是沒喊又的，這就叫作不正，不正就是邪喔。用簡單一點的現代話翻譯，就是「大吉大利、今晚吃雞」[86]的概念啦。

「保兹黃裳」古代道士的法衣，除了首位的行法高功，一般常常穿著的是黃色法服，在這邊就象徵了誦咒當事人。因此前面所有的祝詞，都是為了這個最後的目的：保護這位誦咒者。

在實際的用法上，當人在經歷了各種可能接觸穢氣的場合，而感到不舒服時；又或者日常洗澡、洗臉、洗手時，我們會先盛一盆水，然後對著水小聲微祝，祝後就可以用來沐浴或者擦洗了。

86. 也是屬於暴露年紀的網路流行用語之一……

《洞玄靈寶道學科儀．沐浴品》：朝夕澡漱，皆用此法也。

這邊說得很清楚了，日常洗澡時直接使用是沒有問題的。不但沒有問題，那個「皆用此法」代表的是每天用喔，好像沒用還洗得不夠乾淨一樣ＷＷ。

《洞玄靈寶道學科儀．解穢品》：若為眾聚齋講，恐外眾男女有見穢者，當以大盆盛貯符水，置大門前，令入者洗眼，聽入聞法也。

而在舉辦法會時，有時候道人們自己清潔過了是不夠的，因為會有很多信眾參加嘛，那麼為了維護壇場的嚴潔，也會採用這個水法，在門口擺放祝過的玄水，讓來參加的鄉親們作為清淨之用。

《雲笈七籤》[87]：此名澡穢除兇七房咒法。常能行之，目明血淨，闢諸兇氣。

87. 這本《雲笈七籤》號稱小道藏，是宋代皇家藏書，蒐集整理了大量古上清派的修煉方式。

這個水法的別名很酷炫喔，又稱作「澡穢除兇七房咒法」。那麼在這邊，作者特別註記了它的作用：常常使用的話呢，會讓眼睛亮亮，然後血氣乾淨清爽喔。因為穢氣為濁嘛，沒有了穢氣當然就明亮清爽；並且「闢諸兇氣」，可以排除掉各種對身命有損傷的兇氣。

從上述這些特點來看，幾乎算得上是萬用水法了，你不需要像傑○龜一樣會嘴巴噴水，也不需要去學習各種噀水技巧，只要看得懂中文字、能夠背得出這十句，加上家裡水龍頭有自來水，就可以 DIY 施展這套乾乾淨淨之術啦。

同場加映：住飯店不用再擺拖鞋啦——大護城河之術！

在台灣長大的我們，應該或多或少都聽過那個「住飯店時最好把拖鞋凌亂擺放」的都市傳說（另一說是一正一反、又一說是不要對到床頭），這個說法的假設是如果飯店不乾淨、有阿飄想靠過來的話，可以藉此讓他暈頭轉向、難以近身。

然而，若是只有一個人去住，還要在那邊多湊幾雙鞋子（要**凌亂**嘛，一雙是能怎麼凌亂啦？）的話，就很麻煩啊。更別說現在的環保政策越來越走~~火入魔~~發達，很多時候飯店都不見得會提供拋棄式拖鞋，變成你要自己準備。這種時候如果要睡覺了，覺得沒有弄個**拖鞋凌亂陣**就沒有安全感的話怎麼辦？

這時候，請各位可以就近取材喔。首先，找一個小杯子或任何容器[88]裝些水，用解穢水法先祝過一遍；然後用兩根環保筷橫放在容器兩側，擋在自己的門前或床前，是擋著喔，應該不會有人向著自己擺放……吧？擺放的同時存想一條大河（越大越好）把兩邊隔開的畫面。

在物質的世界裡頭，我們透過物質碰撞（譬如揮拳）來進行互相影響；然而在精神的領域裡面，你的意念就是你最可靠的肌肉喔。

這個橫江法是我當年在某本手繪法本[89]內看到的，當時覺得有趣，於是就留下了印象。當然，要處理飯店房間裡面的「各種問題」，道門中的方式很多很多喔，

88. 拜託一下，小容器就好，例如小碗、杯子之類，你別拿個水桶來喔。

89. 年代已久，原本找不到惹。

並不限於解穢水法。譬如遇上了會自己打開的電視，我們也可以溫柔地、和藹地、微笑著用**天蓬咒**幫他祈禱一下之類的……。那電視機可能會嚇到自己又關起來[90]喔ww。

喔對了，香甜地一覺睡醒之後，再把容器內的水倒進洗手台、東西擺放回原位即可，不需要再特地收拾了。

簡單的飯店護身法介紹給諸位，祝旅途愉快。

膚質即是正義——面有金光、體有玉澤之術！

還記得我們在前面聊到了漢代的月光仙人[91]張天師主修的月光之術嗎？

張天師的月光之術，在道門當中有比較正式的稱呼，叫做《結璘奔月章》，我

90. 他敢自己打開，這時候你就別讓他關了。跟他說你想看什麼節目叫他電視機打開了給你轉過去，讓他知道有些人是不可以開玩笑滴哼哼。

91. 就是張祖天師啦。

們也可以把他歸類於**結璘法**，結璘就是月亮的意思。那麼既然有了月亮系的修煉法門，理當也該有太陽系的修練法門呀。

確實是有的。

道門之中稱月光類法門為結璘法，太陽類法門則稱為鬱儀法，代表作是上真之道中的《鬱儀奔日章》。然而不論是奔月章還是奔日章，現在的我們恐怕都難以一睹其系統性的原貌了。可即便如此，由於當年是排名最靠前的幾種修練體系之一，裡頭的法門仍然被散落地記載在後世的道書之中。

今天要聊聊的就是鬱儀法當中的金光玉澤之術。

畢竟我們身在一個很注重形象的網路時代喔，在網路世界中，「膚質即是正義」其實都還算是句客氣話了，事實上，說「顏值即是正義」可能會更貼切一些。可顏值這塊……除了直接進廠維修，我是真沒找到什麼能大逆轉的方法（默哀），但膚質或許還有機會努力一下。

閒話少說，依然是陶弘景宗師的小本本，這次我們翻開《上清握中訣》。

以月五日、十五日、二十九日，夜半，存日從口入在心中，照一心之內，與日共光，相合會良久，當覺心暖，乃祝曰：

●「大明育精，內鍊丹心，光輝合映，神真來尋」。●

行之務欲數，不必拘此數日，可夕夕為之。云是太虛赤君內法。

從敘述中我們可以看出這是很典型的的上清存想法，並且是簡易版本喔，如果各位有空去翻翻《大洞真經》[92]，就會知道什麼是複雜版本的存想法了。那麼這裡的玉光金澤之術要怎麼存想呢？

以月五日、十五日、二十九日，夜半，

陶真人提到可以留意特別鍛鍊的時間，是農曆的五日、十五日、二十五日這三天，但這三天看看就好，不是很重要，原因後面會說。

92. 也是上真之道系列的。

「夜半」代表這個修練方式最好是晚上進行喔。為什麼會推薦在晚上進行呢？因為存想法本身需要高度的專注力跟**顯影**能力，而這兩件事情都是很吃重**心神**的能量的，即我們說的心火。那麼已經在修習太陽系的法門（屬火）了，又使用大量心火，又在熱烘烘、陽氣重的大白天裡進行的話，怕一個太投入會操到火氣太大。

因此挑選在相對寧靜涼爽的夜晚，從這點來看確實是比較好的時間段。

存日從口入在心中

這個存是存想的意思。什麼是存想呢？

漫無目的地被想像力拉著跑，那叫白日夢，也就是胡思亂想，因為這時候想像力是你的主人；而有目的性的、自主性地讓想像力去顯現你要的東西時，這才叫存想。

這時候，你才是主人。

「**誰是主人**」的問題，在道門之中非常重要喔。我們說人是由三魂七魄糅合而成，意即你認為是你的想法，但其實不一定是你的想法喔。這麼說有些繞口，我們舉例一下好了。譬如三魂之中有幽精，象徵人的慾望與一切貪念，當然也包含性慾。

那麼，有沒有人是被性慾支配而無法自拔的？或者明明今天不想……呃、這個我們說 DIY，但是還是忍不住殘殘給它D下去的？還是有啊，不然傳說中的**禁尻11月大挑戰**[93]，怎麼會每次第一天就有一千多萬人失敗呢ww。這種情況，代表了在那個當下，幽精才是主人，而你……其實只是被奴役的雜魚喔，關於三魂的論述我們在粉專中有更多探討，如果對這方面有興趣的朋友歡迎來晃晃。

回到想像力，其實專注到了極點的想像，其實也是一種靠近「一」的形式啊！這種狀態我們就稱之為存想。而現代一些的說法，就叫作吸引力法則喔。所以搞了幾千年，其實大家一直是在玩同一套東西的ww。

而這裡的存想，由於是鬱儀系法門，所以就以太陽為主，存想一輪明亮白熾的太陽，被你從嘴巴吞下。

93. 一個全球性的自我挑戰，又稱為 NNN(No Nut November)。

照一心之內，與日共光

吞下去後不是讓它一路從肚子到下腹部然後大出來欸，而是要讓吞下去的那團太陽，暫且停留在胸口，並且繼續散發光和熱。

「照一心之內」，把整個胸口裡面都照亮了。要奪亮呢？要到「與日共光」跟真的太陽一樣那麼亮喔，大約是每平方米100,000流明（維基百科說的）；另一個解釋是讓心的位置跟太陽一樣熾盛地明亮起來。

相合會良久，當覺心暖

心中的光芒跟太陽的光芒互相呼應、融合，我們說水乳交融、你儂我儂（？），並且持續一陣子之後，這個一陣子要多久？要「當覺心暖」，也就是開始感到胸口熱熱的時候。

乃祝曰

就可以誦唸咒語了。這邊的祝沒有特別交代要密祝，因此是對存想中的太陽而祝喔。

大明育精，內鍊丹心，光輝合映，神真來尋

「大明育精」的大明，也有念作太明的版本。但差別只是**大跟大一點**，語意上並無衝突，各位可以選擇自己喜歡的版本。那麼這個大明當然指的就是大大的明亮，也就是日光。

「內鍊丹心，光輝合映」講的就是前面的過程：讓日光從口落入胸中，然後徹耀一身之內，讓心君與日光同輝的過程。

「神真來尋」，在道門宇宙中，既然有紫微大帝、北極四聖系的星辰信仰，那麼做為更大顆、更滾燙的太陽，當然也是被相信有神靈的。這裡我們不去提道書當中記載的隱祕諱字，大家知道透過存想去感召神靈的用意就好，因為主要也是為了那個**面有玉光**而已，不是真的說非修煉到什麼形而上境界不可喔。

行之務欲數，不必拘此數日，可夕夕為之

開頭我們提到了三個適合練習的日子，分別是農曆的五、十五、二十五日對不對？但隨即又說了那些日子沒那麼重要，原因就在這裡喔，「行之務欲數」嘛，就是說練習這個法門呢，不怕你多練，就怕你不練，你要肯練的話，那麼次數是越多越好的。

「不必拘此數日」，這邊陶真人就直接挑明了，不用拘泥在只有哪幾天能練習，想練就練吧騷年！

「可夕夕為之」，每天晚上都來也沒問題（咦）。

那麼這個法門難道是陶真人發明的嗎？也不是喔，是這位「太虛赤君」的內法。我們說外法那是可以普傳的嘛，你報個名交些學費，人家講義就幫你寄過去的意思；內法就是留給自己人的、不隨便外傳的東西。

而陶真人說這是太虛赤君的內法，那麼誰又是太虛赤君？

在先秦的神話當中有一位出場率很高的神仙，叫做赤松子，赤松子的正式頭銜就是「南上**太虛**真王南嶽**赤君**」。那麼南上太虛真王南嶽赤君、南上太虛真王南嶽赤君，念快一點就變成太虛赤君喔。就跟 How are you doing, How are you doing，念快一點就變 Howdy 一樣（？）

這位赤松子有很多 SSR 等級的晚輩、徒弟，譬如傳說中的撿鞋人張良，或者著名的道人黃初平。

什麼，你說不認識黃初平？那你有聽過香港的黃大仙祠嗎？從香港地鐵的觀塘線坐到黃大仙站下車走一段路就到了，據說還滿好逛的，可以順便購物之類。

94. 另一說是黃初平於赤松山修練，所以也號赤松子，但我自己私心裡，更傾向是上古赤松子來渡初平的說法喔。

那座黃大仙祠，全名就是赤松黃仙祠[94]，既是崇奉這位曾助人無數的道人，也同時懷念了這位道人的老師喔。扯太遠了，差點忘記說說這個咒語的效果在道書中是如何被記載的：

復作如上，使人開明聰察，百關鮮徹，面有玉光，體有金澤[95]。

反覆地按照上述的方法練習，可以怎麼樣呢？

「使人開明聰察」，眼睛跟耳朵都變靈敏啦，開明就是眼睛變好，聰察就是聽力變好。

「百關鮮徹」，讓體中的關節都不堵塞或卡卡了喔，那個徹是貫徹的意思，譬如練習太極拳發勁時，如果勁力到不了末梢，就是因為從腳踝、膝蓋、髖骨、脊柱、肩、肘等眾關節處卡卡的喔，一個地方卡一下，那股勁力到了最後面時就變成死力了。硬要用這種死力卯起來揮舞，就容易進化成某種傳說中的閃電鞭法[96]，也算是非同凡響。

95. 這一段文字是從陶真人的《真誥》中節錄的，這個法門在《握中訣》裡頭提了一次，《真誥》又提了一次，算是重點了喔。

96. **閃電**鞭法，近代興起的非主流武術之一，傳說中有五路連環之威。

「面有玉光、體有金澤」，古代人的形容詞都用得很好聽喔，什麼金啊、玉啊，其實說白了就是膚質變好的意思。

肌膚滑嫩的情況，好像會反光一樣，就叫做面有玉光了，不是說臉會像特級廚師的鍋子一樣會有光阿飛龍阿之類的噴射出來喔；體有金澤也是一樣的意思，有的人洗澡時衣服一脫，渾身上下的肉質是一種老老硬硬的粗糙感對不對？那種叫做老臘肉啊，但體有金澤，就是要變成好像身體乳液抹了很久的那種狀態，整個肌肉這樣微微有些潤澤的柔光感，就是近似於小鮮肉的那種賞心悅目的狀態。

那麼這段就比較像是我們所期待的目標啊。這邊要另外提醒一下，在我自己的實測中，這個所謂的面有玉光，並不一定是像我當初所想像的，會直接由內而外的讓自己開啟自動煥膚。而是在使用了這個法門一陣子之後，就很偶然地在跟幾位中醫師朋友的聊天過程中，莫名其妙地會聊到某個洗面方。

一開始我還覺得是碰巧，後來一而再、再而三地從不同人處聽到同一個方子，才開始有種「唉唷，會不會是要讓我面有玉光用的？」那種感覺喔。不鐵齒地用了一陣子，確實膚況就真的改善了不少，至於是什麼方子，這十格等有業者願意業配的時候再跟大家說並不是重點喔。

因為每個人的狀況不同，適合的方子也不可能都相同。

這裡我想表達的是，或許改變的途徑，不一定是「很單純的經由存想去改變」，也可能是透過「感召了外在的助力」來完成改變的，因此請大家使用咒語的同時，不要一頭死死地栽進去，對外在的世界一樣要隨時保持開放的心態。

不然很可能緣分都被感召來身邊了，結果卻因為你自己「防守」得太好了，反而找不到切入點喔ｗｗｗ。

寫在金光玉澤術之後

前面我們引用了大量古上清派的手札，來充當這個光澤魔法的說明書，但難道只有上清派重視這類日月星辰的修練脈絡嗎？當然是不可能喔。同樣身為中古三大派的靈寶派，對於這條脈絡一樣是推崇備至。在南宋時，有位靈寶派的金道長把自己門派的所有法術加以整理，變成了他的**大本本**。

於是有了金允中版本的《上清靈寶大法》。

大家不要看到有上清字樣就覺得是上清派的喔，這本實際上就是古靈寶派，也就是我們說的閣皂靈寶[97]的教科書。但在同時期的江南，另有天台靈寶一系，這一系的特色是比較新潮（在當時而言），然後比較隨俗一些、地方化一些，而這個分支的靈寶派領袖王契真，不知道是故意要懟金允中還是怎麼樣，也弄了一本自己的**大本本**。

也叫《上清靈寶大法》。

這下子事態就嚴重啦（拿爆米花），當年閣皂靈寶、天台靈寶兩派吵了好一陣子，也搞得後來的學道者在查閱資料時，常常分不清到底是哪一本喔，討論某一個法門的時候，就會發生那種怎麼你那邊有，但我這邊都翻不到的問題。

那麼……反正這是人家派內的恩怨，又過去這麼多年了，我們這些吃瓜群眾看看熱鬧、知道有這麼一回事就好。最後兩派到了南宋後期，都被劃入了正一派的範

97. 從前有座閣皂山……山上有個靈寶派……。由於閣皂山是靈寶派的大本營，所以靈寶派又稱為閣皂宗。

圍，也沒什麼好吵啦。所以人世間的事情往往再怎麼爭，也是爭個朝夕而已，時間跨度拉長一些來看，結局都差不多啦。

回到金允中的《上清靈寶大法》，在金版大本本中的第六卷，有一篇〈三晨芒曜品〉，就是討論日月星修練體系的專文，當年既然是要拿出來跟人家互尬的，那麼裡頭寫進真材實料的比例，想必也會更高一些喔，而他是怎麼說的呢？

儻炁之清者，不存於胸襟。情之昏者，橫塞於靈府。

「儻」就是如果的意思，如果胸中沒有清氣；「昏」就是暗昧混沌的樣子，如果心（靈府）中都是那些陰暗的情志。

那麼什麼是清氣？

在道門中認為人有三魂七魄，三魂當中的幽精象徵了人的慾望與貪念、爽靈則象徵了人的智謀權算，這兩者都屬於濁氣，也就是金允中說的「情之昏者」。那麼換句話說，在這個盛行資本主義的世界上，要找點清氣還真的是不容易喔。

而在兩者以外的部分就是胎光，也就是清氣了。

因此當年道德天尊是怎麼說的？

「損之又損，乃至於無為」。

要損的就是爽靈跟幽精這兩塊的濁氣，損到沒東西好損了，剩下來的就是清氣。而清者上升、濁者下降，濁氣損完了，你自然就準備上天去開趴喔：反過來說，如果你把清氣損完了，身心內外只剩下了滿滿的陰濁之氣，那……死後**下去**報到不也是剛剛好而已嗎ＷＷ。

雖得神文祕咒，面接三晨，亦云徒勞矣。

如果胸中沒有清氣，那麼就算是讓你學到了「面接三晨」的方法，那也是沒效的。

這個面接三晨，就是我們說的三光體系的修煉體系，也就是**加工方式**。有加工廠那就必然要有原料啊！這個原料就是**清氣**。

高上靈寶虛皇之祕，始於積一生三，心與道俱，則躋靈寶之閫[98]域。

高上靈寶虛皇聽起來很猛，實際上也很猛，就是道教三主神中的靈寶天尊。靈寶派尊靈寶天尊為傳授法術的主神，所以這裡金允中道長說啦，靈寶天尊傳授的法術系統，當中的祕密就是始於「積一生三」的這個基礎修練，這個修練累積到了一個層級之後，就進入了靈寶體系的內門啦。關於這個「積一生三」的修練，由於屬於另一個修練系統，我們有機會再另闢專文聊聊。

若其次者，三晨之光，為靈寶之機要也。

那麼第二步呢？就是這個三晨之光了。「為靈寶之機要」是我們門派中修練的機密要訣喔。

98. 音同捆，內門或者隱密的房間的意思。

然而三晨的修練方式根本超多種喔，這一品中的金光玉澤術，已經算是裡頭相對好上手，又在現代生活中較實用的一種了。然而雖然屬於基礎法門，卻也已經是「機要」等級的好東西，希望可以在各位進行日常保養時派上用場啦ＷＷＷ。

好睡品

第五

按：這一品本來是要叫三魂睡搞搞品的，因為既然講到要好睡，就會講到夢，而講到夢就不能不提到魂。因此三魂跟好睡，都是本品的重點。但我想了想，其實最終目的，還是希望能達到安然入眠的效果啦，因此即以好睡品稱之。

隆重歡迎！正一真人登場（鏘鏘！）

前一品我們尬聊了不少上清派跟靈寶派的故事，這一品我們要回頭來說說正一真人[99]。

正一真人，

AKA 祖天師、

AKA 東漢月野兔、

AKA 道德天尊傳人、

AKA 兩大千年家族之一的老祖。

當年我們的正一真人在修練到一個坎站之後，就是在陽平山[100]正式出的道，所以作為紀念[101]，當年道德天尊送他的+10天師印，又被稱為「大陽平治都功印」。這

99. 正一真人就是初代張天師，也叫祖天師。就是張魯他阿公啦。

100. 不是陽明山喔，陽平山是當年的漢中一帶，從長安要去攻打成都的話，這邊是必經之路。

101. 其實是因為天師道把信眾分為二十四治，其中的陽平治有特殊地位，由天師自領。

枚傳說之中的道門重器，**據說**現在就放在臺灣銀行的保險櫃裡頭，如果有熟知內情的消息人士或者行員，歡迎私訊我，分享一下這個「據說」的可信度到底有多高喔。

在出了道之後，正一真人為了尋找各種龍脈啊、風水寶地啊來修練，就經常往山上跑，那時候的他，保守估計少說也是個地仙大圓滿的修為了，我們說「中士遊於名山，謂之地仙」[102]。於是正一真人待過的山頭那是一座換過一座，**包括但不限於**原來被稱作雲錦山的龍虎山、洛陽北邙山以及青城山等等。

這邊容我打個岔，說到青城山就不得不提一下青城派。

近代青城派最為人所熟知的印象，應該是在金老筆下率眾滅了人家鏢局滿門的余掌門，與鏢局林姓遺孤之間的復仇記。

由於劇情裡面寫得真的是壞透了，把整個陰狠狡詐的神髓完完整整地呈現了出來，再加上後續一直有各路影視作品的推波助瀾，於是乎，在很長很長的一段時間裡，青城派基本上就跟反派劃上了等號，連被六大派圍攻的魔教[103]，名聲都比青城派還好，有夠雖小。

這當然就讓**現實世界**裡的青城派很悶啦。

102. 出自《抱朴子 · 論仙》。

103. 該教掌門人的戰鬥力至少有 10000 以上，是少林長老的 2 倍。

據說，當年[104]金老要上青城山遊覽時就曾受到重重阻礙，一度還傳出現實中的青城派掌門不諒解自己門派被寫成這麼壞的傳聞。後來幾經波折，金老跟三十六代掌門[105]在青城山裡頭見了面、道了歉，並且答應人家有機會一定回去把這段改寫一下。

事情才算落了幕。

而金老的小說中除了青城山事件之外，另一起引發道教人士抗議的就是尹志平與小龍女橋段。現實宇宙中的尹志平真人可是邱祖的弟子啊，當年一代堂堂的全真派最高領袖，是現代所有全真道士們的祖師級人物。

（按：全真派的初代掌門是王重陽，之後二、三、四、五代就全是傳說中的**全真七子**，等到最後一位全真七子丘處機羽化，接棒的就是這位第六代掌門：尹志平真人。因此尹真人在全真派內的地位不可謂不高喔。）

結果你把我家祖師寫成去〇〇小龍女的淫賊？

阿娘喂，某次金老出席論壇時據說差點被在場的全真弟子用天罡北斗陣圍起來打。後來金老也針對這個環節進行了修改，這才有了新版神雕的虛擬人物：甄〇

104. 二零零幾年的事情而已。

105. 真的有這位掌門人啦，現在主要是在教一些道家武術、太極養生之類，截至碼字當下，我看看啊……阿娘喂微博粉絲 79.7 萬啦，嚇鼠人。

丙。

BTW，青城派按理來說也是全真龍門派的分支。因此金老的小說不知道為什麼，就是會剛好掃到全真一系WWW。

扯太遠了，回來正一真人的爬山之旅。

在青城山之後，正一真人還到了哪座山上修練呢？答案是：鶴鳴山。

這一品要講的咒語跟故事，就是正一真人在鶴鳴山修練時，對身旁親傳弟子的課後輔導。這次課後輔導的內容，也不知道是誰記錄下來然後又外流了的，總之到了宋代，當時的皇帝（真宗）是道教粉，就讓大臣蒐集了所有能蒐集到的道教文獻，再加以校正編輯，成了宋代的道教百科全書：《大宋天宮寶藏》，但是這套《大宋天宮寶藏》今已佚失，所以應該是找不到了。

但好家在，當初編撰的那位大臣[106]張君房一度覺得整套百科全書實在是太太本了，我們說硬碟容量不夠放嘛，於是又精挑細選了他覺得比較精華的部份，另外又編成了一套《雲笈七籤》，因此你說《大宋天宮寶藏》已佚失是沒錯，但裡頭的精華留下來了啊。

106. 張君房大大，RESPECT！

就單論這一塊，我們還是要給張君房大大一個大拇指。

當年張君房是個名作家，畢竟連皇家都出資幫他出版了《大宋天宮寶藏》、《雲笈七籤》這類大集錦神仙書。那麼除了這些比較嚴肅的書以外，人家的筆路也是很寬廣的喔，尚還有《乘異記》、《麗情集》、《科名分定錄》這些比較重劇情、偏小說類的作品。

就在《乘異記》中，張君房寫了一個故事，一個關於死去了的同事的故事。

這位前同事名叫白稹，是一個素來跟君房不合的官員，兩人之間有多麼不對頭？你看人家都掛了，君房還特地把人家寫進小說裡，就知道兩位真的是積怨已久。既然是素來互看不爽的同事，寫進小說裡還會有什麼好話嗎？

在小說中，白稹[107]死後化作一隻大黿[108]（讀作「元」），然後有天就去跟在世時的辦公室同事託夢嘛，說我變成大黿啦，在某年某月某日會出現在哪條河流，大家同事一場，可以來聚一聚、見個面這樣喔。

被託夢的那個同事也覺得很驚訝，就按照夢中的時間、地點過去瞧瞧到底怎麼回事。到了現場，果然有一個漁夫捕到了一頭大黿，準備回家加菜，同事一看阿娘

107. 念「診」，這位大大是真宗朝的。

108. 念「元」的音，類似大鱉的甲殼動物，水裡的。

喂這可不行，就出錢把大黿買下來然後放生了。

好了，寫到這裡都沒事，就是一篇很單純的大烏龜歷險記。偏偏君房又跑去找出版社出版了這本《乘異記》，看樣子指不定還是本暢銷書，搞到當時的讀書人都知道了有隻大烏龜叫白積。

某天，君房在京城裡剛剛退朝，才走出了皇宮的東華門，啪地一下、很快嗷！

「偷襲！[109]」張君房一個念頭才堪堪閃過，立即被人從馬背上給拽了下來，迎面而來的就是一頓粗飽，君房被壓在地上打得是咪咪卯卯[110]啊。對方一邊揮拳，一邊斡譙：「你才是大烏龜、你全家都是大烏龜！」打得那是一個慘，據說都打到血流滿地了，差點沒被活活揍死。後來才知道，原來對方就是白積的兒子，自己老爹被寫成大烏龜，難怪會牙起來啊。

君房當場哀聲發誓，說我回去把原版稿件毀掉，保證不再出版《乘異記》了，大俠饒命啊嗚嗚嗚，這才逃過了被強制登出的命運。

不過等到他真正登出以後還有戲份[111]，為免跑題變成跑馬拉松，我們還是暫且打住，再次回到正一真人的登山之旅。

109. 一種會讓武術高手都防不住的進攻手法，相當地不講武德。

110. 形容狼狽不堪，台語。

111. 一個關於前任三尸神與後任三尸神的故事……。

山洞裡的靈魂課程

好了，我們正一真人端坐在鶴鳴山的山洞內，終於準備講課啦。旁邊的呢是親傳弟子趙升，這位趙升在正一真人手把手的課後輔導之下，據說最後也成功飛升去了。

那麼正一真人就開口跟趙升說啦：

夫人身有三魂，一名胎光，太清陽和之氣也；一名爽靈，陰氣之變也；一名幽精，陰氣之雜也。

以前常常聽人家說三魂七魄、三魂七魄，這個說法到底是哪裡來的？就是這裡啦。正一真人在這邊跟弟子趙升說了，我們人體的小宇宙裡面有三魂，分別是哪三魂呢？

第一個是**胎光**。這是好東西啊，他是太清**陽**和之**氣**，簡稱陽氣。

第二個是**爽靈**。前面既然有陽氣，那麼相對應來說也該有陰氣嘛，這個爽靈就是陰氣變成的。

第三個是**幽精**。我們說清者為陽、濁者為陰，那麼陽氣既然是清的，代表很乾淨、很純，沒有渣渣喔；陰氣濁濁的才有渣渣嘛，這些渣渣就是幽精，所以說是「陰氣之雜」。

好傢伙，這局面看起來是二打一啊。

若陰氣制陽，則人心不清淨；陰雜之氣，則人心昏暗，神氣闕少，腎氣不續，脾胃五脈不通，四大疾病系體，大期至焉。

那麼如果陰氣壓過了陽氣，就是你家的胎光被爽靈霸凌了，那麼人心就不清淨啦，我們說很胎哥[112]嘛。這句話有沒有覺得很眼熟？還記得上一品結尾時，金允中

112. 不乾淨的意思。

道長在他的大本本裡頭是怎麼說的嗎：

「儻炁之清者，不存於胸襟」。

那麼如果是陰雜之氣壓過了陽氣，會怎麼樣？人心昏暗。昏暗之後又會有腎氣不續、脾胃五脈不通等等的併發症，最後會演變成整組壞了了。

為什麼會這樣呢？因為幽精為陰雜之氣，既然是陰氣的渣渣，用現代話講也叫做渣男渣女嘛，那渣男渣女整天想找人家「碰碰」呀，如果胎光被幽精給壓倒了，那我們就叫**腎不由己**，或者說**走腎**[113]喔。每天走腎走到操勞過度了，自然就腎氣不續。

而腎為先天之本，腎氣不夠了又影響到後天之本的脾胃，先後天之本都敗了，那麼人也就「大期至焉」，準備回老家啦。

用金版大本本的角度切入，其實也是一句話的事情：

「情之昏者，橫塞於靈府」。

因此雖然兩人一位是東漢人、一位南宋人，但其實大家講的都是同一件事喔。

113. **相對於走心而言**，兩人相遇，動了心的話叫做走心，褲頭一鬆那就走腎了 >///<

趙升稽首、再拜、叩頭，伏問：何以制禦得陰雜之氣，使清和之氣降矣？升欲謹敬行之。

弟子趙升發問啦，古代人要跟老師問問題是很恭敬的喔，你看趙升發問之前先行禮、跪拜、叩頭，然後還不敢就站起來，是趴在地上、很恭敬地去請教他的老師。

這也就相當於我們說的至心皈命禮。

或許有人會說，那也可能是作作表面功夫對不對？但退一百萬步講，如果一個人連表面功夫都作不了，你還期待他能作什麼？這是題外話，回來趙升的問題。

那我要怎麼樣才能管好我的陰氣們，並且讓清和之氣，也就是前面說的陽氣降臨呢？你跟我說嘛，我會「謹敬行之」，也就是用很認真的態度去好好執行，不會因為容易得，便作等閒看喔。

真人曰：復坐告汝。

正一真人也很體貼弟子，就先讓他坐起來，別趴著了。我來跟你講講……

夫人身最貴天地，委形三元真氣之所戴，若合三氣百神，而不至於死。

人身是天地之間最尊貴的，我們說萬物之靈。而人身乘載著「三元真氣」，如果能夠把「三元真氣」以及「身中百神」都揪團揪過來，那麼要死都難。也就是古代所說的地仙跟人仙境界，能夠長壽、長久住世，但還不到「長生」喔。

這裡的三元真氣，就是金版大本本裡頭說的「高上靈寶虛皇之祕，始於積一生三」。這一條修練脈絡是相當多高階修法的先備程序，但本書中先不過多地討論到這一塊，不然講不完。至於「身中百神」就是後來的黃庭經系統，這篇鼎鼎大名的太上琴心文裡頭描述了各類身神，不過那個百字是虛數，代表多的意思，實際上的數量一般會取用三部八景二十四神。

另一個說法是真的有這麼多，但真正用在修練上的並不是全部，我們說八二法則嘛，抓重點就好。

可是不論是要往三元真氣還是身中百神的方向前進，前提都是要三魂安寧呀，要讓炁之清者存在於胸襟嘛。

夫三魂者。第一魂胎光，屬之於天，常欲得人清淨，欲與生人，延益壽算，絕穢亂之想，久居人身中，則生道備矣

所以接下來正一真人開始要介紹三魂的屬性了。

一號選手叫做胎光，屬之於天，我們又稱作天魂。這一魂常常希望大家內心清淨（因為環境太髒的話他待不住啊），另外呢由於他是陽氣，因此也充滿了生機，希望主人可以活得好好的，我們說貴生、長生。如果你能夠把心裡的環境打造得適合胎光居住，讓他常常待著不亂跑，那麼就「生道備矣」喔，修練貴生之道、長生之道的材料就有了。

第二魂爽靈，屬之於五行，常欲人機謀萬物，搖役百神，多生禍福災衰刑害之事

二號選手叫做爽靈，也就是常常聽到的人魂。爽靈的重點不在於爽（？），在於靈。

「常欲人機謀萬物」也就是喜歡看各位大傷腦筋、苦苦思索、細細考量的模樣。舉凡人世間的事情，譬如辦公室政治啊、股票啊、ETF算殖利率啊、房地產算利率啊央行政策啊之類，哪一個不用到爽靈？

爽靈不是不能用，而是我們前面說過「誰是主人」的問題，這非常重要喔。你叫他出來翻兩圈，他就乖乖出來，你要睡覺了叫他滾他就滾，這叫主人；如果是爽靈叫你出來你就出來，動靜之間不能隨你的意，那就變成他是主人。

那你是什麼？被主人控制的當然就是奴才囉。

我們看「道」這個字，是一個象徵腳的辶部，加上象徵頭的**首**字，意思是**從頭到腳**。

換句話說，**道人道人，從頭到腳都要是個人**，豈能甘願去給人家當奴才呢？

但是各位看看身邊被爽靈操翻的朋朋們，有半夜算投報率算到睡不著的啦，有當沖沖到一個人坐在公園抽菸發呆的啦，有心神耗損到三十五歲不到就滿頭白髮的啦，這些症頭在正一真人的課後教材中叫做什麼？

「搖役百神」。

但是這樣操下來也不全然是壞結局，站在客觀角度上看，投資有賺有賠嘛，各種需要動到爽靈的事情當然也是如此，因此最後正一真人說了一句：「多生禍福災衰刑害之事」。這裡**還是有個福字，但不多**。為什麼不多？因為站在道人的角度，該是你的就會是你的，你只要做出最基本的努力就夠了，爽靈讓你幹的那些事情九成以上都是多幹的，我們說瞎忙喔。

這裡引用一下南宋猛人白玉蟾的講義[114]中所說的：

「人生天地之間，衣食自然分定」

「富者自富，貧者自貧，都緣夙世根基」

114. 出《道法九要・序》，關於這篇法術層面的「九要」，我們有機會再……>///<。

因此，如果你命局上是個平凡人，再怎麼嘔心瀝血去搞等價交換，最多可能也就是個平凡人 PLUS，還不敢說就能拚成平凡人 PRO MAX 喔；至於要拚成人上人啊、人上人上人啊，那就真的是要看**命**，不是看拚。

爽靈欲人生機，生機則心勞，心勞則役百神，役百神則氣散，氣散則太清一氣不居，人將喪矣

而站在修練內守的角度呢，當你被爽靈騎到頭上了，就會開始向外追逐，這個追逐的過程要不要費腦子？要不要翻攻略、找找最佳路徑？這些過程就是生機，不是生機勃勃的生機，是**生**出**機**謀的**生機**喔。

生出機謀的話怎麼辦？爽靈騎到主人頭上，主人為了追逐這些外在，難道不用去操身中百神嗎？於是就變成一個權臣當道、挾天子以令諸侯的局面，但這不該是一個正常的狀況喔。當身中百神常常被強迫超時加班，久了賭爛了大家不玩了，於是就進階成**氣散**，身中百神開始準備罷工、開小差了喔。

氣散之後，太清一氣也就是胎光就沒地方去啦，陽氣留不住，人就衰老得快，加上身中百神開小差，各項機能掉得那是懸崖式下降喔，很快尿尿就用滴的了。

於是人將喪矣。

第三魂幽精，屬之於地，常欲人好色、嗜欲、穢亂昏暗、耽著睡眠。

三號選手名叫幽經，又叫做地魂。那麼這個幽精是陰氣裡頭的渣渣，既然要渣，那麼當然是最喜歡色色啦，幽精特別希望他的主人去當個老司機啊！

「常欲人嗜欲」這裡的嗜欲不單單是色欲喔，食欲也是欲，貪欲也是欲，但沒關係，只要你肯沉溺於欲望，幽精都會 HEN 開心。而當主人沉迷於欲望之後，我們說整天胡天胡地，那麼自然心中是不可能保持清明的（沒幾個人那麼厲害啦，那種氣氛下小手牽牽、頭髮香香的對不對……ｗｗｗ），這就是所謂穢亂昏暗的狀態。這種昏暗感也恰恰符合幽精的特徵，幽精的幽，那個幽字也是昏暗之意。

幽精欲人合雜，合雜則厚於色欲，厚於色欲則精華竭，精華竭則名生黑簿鬼錄，罪著，死將至矣。

幽精最喜歡看到你去跟別人%%%[115]啦，整天跟人家%%%，你的色欲就很濃厚，色欲厚了當然**營養就跟不上**，久而久之精華就會枯竭喔，庫存用光光啦。精華枯竭的人就準備登出了，這時候地下的戶政部門要不要先幫你造冊？於是就榜上有名、等人來接，大概就是這樣子的一條路線。

趙升驚起，請始其源狀，則得尸敗之徒見乎全生之道。

聽到這趙升坐不住啦，猛地一下站起來問他的師父：

「那我們該怎麼辦QQ」

115. %%%，狀聲詞。這個……激烈碰撞的意思。

正一真人曰：胎光本生始青元君聖母之宮，每降正月七日

「免緊張。」正一真人笑笑喔：「這是有解法的。」

胎光是從一個叫做始青元君聖母之宮跑下來的，看起來很長很複雜喔，其實就是道教天境之中的始青天[116]。

道教的三大主神是元始天尊、靈寶天尊跟道德天尊，而三位主神都各有自己的一方天境喔，但可能是主神的天境太高，一般的神祇啊仙人啊飛不上去，這種情況下要講經演法怎麼辦？

只好主神跑下來囉。

主神裡頭的道德天尊是人界負責人，所以後世有所謂的老君八十一化，就是道德天尊下凡佈道，AGAIN、AGAIN又AGAIN的傳說。而天界的負責人是元始天尊，因此祂每次出場都是在各個天境之間喔。

其中最常出場的地方就是始青天，靈寶派的根本經典《度人經》也就是在那裡

116. 比較完整的天界記載，在《混元聖紀》一書中可以找到，這書名看起來有點聖鬥士星矢的感覺，但實際上就是一本道德天尊大型紀錄片。裏頭描述了三種道教對天界的分類方式。

開箱的：

「**昔於始青天中**，碧落空歌，大浮黎土。受元始度人，無量上品，**元始天尊，當說是經。**」117

可為什麼這種分類方式下有始青、青元、始丹、太丹、始素、太素、始玄、太玄八種天界，胎光偏偏從始青天下來呢？因為在五行之中，東方屬木，也是**生長**的象徵，而東方的天界就以青色之天代稱，青也屬木嘛。青色之天裡頭有高一點的，我們稱為始青天，排序後面一點的，我們則稱作青元天，南方的天界也用同樣的方式區分為始丹天、太丹天，其他以此類推。

所以胎光從始青天下來，就象徵了東方的那股生機。那麼每到了農曆一月七號，他就會回去述職，打個卡再下來，這個日期不是很重要（另外兩魂的日期也一樣），知道一下就好。

117. 出自《靈寶無量度人上品妙經》第一段。

道德天尊的代理人戰爭，開戰！

爽靈本生於太一之宮，降於七月七日

前面的翻譯都很簡單，唯獨這句「太一」之宮，則讓我非常地犯難喔。

要簡單帶過的話也是可以的，就隨便打個哈哈進度條也就能繼續前進了。但猶豫了很久，還是把我認知內[118]的太一之宮，以及這後面的**內幕**說出來吧ww！

什麼內幕？當年儒、道大作戰的內幕……。

太一，其實就是太一星，是**曾經的**周天星主，也就是前任北極星。

為什麼說是曾經呢？因為北極星看似不動，其實是會輪動的。由於地球有歲差的關係，我們的北天極是會微幅轉動的（但在地表上的我們沒什麼感覺），也因此最靠近北天極的那顆亮亮的星星，也跟著會有所變動。而在殷商時期到漢代（正一

118. 只是我的認知，只是我的認知，只是我的認知……如果有錯歡迎指正，要吵架的話我在這邊先認輸∠(ᐛ」∠)＿

真人的時代）的北極星是帝星，再往前一代的北極星，就是太一星。

話雖這麼說，但當時的人們並沒有哈佛望遠鏡，也沒有各種炫炮的星空APP嘛，因此一直在漢代官方的認知中，北天極上面那顆亮亮的還是太一星喔。

「中宮天極星，其一明者，太一常居也」——《史記．天官書》

因此在先秦以及更往前的時期，太一也曾經作為最高神存在於人們的信仰之中，譬如我們說東皇太一，但是到後來是不是也漸漸地沒人在拜了？就是因為作為最高神的天象依據已經轉變掉了，我們說改朝換代了喔。不過這個信仰會有個時間差，大概是以千年為單位，因為人間的習俗變動比較困難嘛，拜了幾千年的神明你突然說要換人，沒幾個人受得了喔。所以在漢代時的官方，雖然因為星力衰減、幾經更替，但仍然有主祀太一星的紀錄，並且從漢武帝開始一直到王莽倒台之後，太一星信仰才漸漸衰微，或者說……用另一種方式存在了下來。

那麼在漢代，我們有獨尊儒術的官方意識形態，這個太一（又寫作泰一）又作為官方至高神而存在，太一本神，再加上象徵五行的五方上帝，共六位帝神，就是西漢時的最高官方信仰喔，是要天子本人去祭祀的那種高。

「天子始郊拜泰一。」——《漢書・郊祀志》

換句話說，這六位帝神也是儒門祭祀的最高神啊……。儒門在先秦時期，還花費了大量的篇幅強調自我修練，可是到了後來（尤其是漢代），卻漸漸成為了統治者手上最有力的工具喔，也就是我們說的儒皮法骨。原本民貴君輕的思想也變成各種PUA[119]跟君王本位主義（君王最大），這與道門貴生的人本理念完全衝突啊。

關於各種儒家的努力奮鬥論 V.S 道家的快樂自然論，到了幾千年後的今天還在吵不停喔，究竟人的成功是靠努力，還是靠運氣呢？又究竟這麼使盡全力地去扮演每一個別人希望你扮演的角色，是對還是不對呢？敬請另外參考拙作《地仙修練手冊》。

所以在草創的那個當口、還是**原始教義派**時期的道門，就有了轟轟烈烈的神明

119. Pick Up Artist 的縮寫，後來常常被用來代指情緒勒索、道德勒索。

換班運動啦，這場伐神運動又被稱為「三天、六天之爭」，或者「廢除六天故氣之爭」。~~用夕宋郎的話說，就是「要給○○黨一個教訓啦！」~~而這個所謂的六天故氣，就是原本儒教祀典裡頭由太一領頭的六位至高神；而三天就是玉清、上清、太清三大天境，這也是正一真人主持「三天」正法的那個「三天」的由來，不是說真的只出道主持了三天就交棒了喔。

在當時的說法是，道德天尊曾在夏、商、周時不停地下凡來，並且培育了自己的人間代理人，也就是六天系統。但這個六天系統後來腐化了，跟儒家 2.0 搞在一起，已經不能秉持道德天尊當初所交付的、讓人心純樸歸真的使命喔。於是道德天尊另外選拔了新·人間代理人，也就是正一真人，而正一真人出場的首要任務，就是先把前任的失格代理系統拉下來。

繞了那麼大一圈，現在我們可以看懂正一真人講的那句話了：「爽靈本生於太一之宮」。

既然太一是六天故氣，AKA 曾經的天庭之主，AKA 如今所要討伐的對象，那麼太一之宮，自然也就變成了道門裡頭象徵陰氣的源頭。所以說爽靈這麼一個充滿聰明智慧卻又會導致人身衰耗的靈魂，出自於太一之宮也是很合理的；而象徵陽氣與生機的胎光，當然就出自於三清天境系統裡面的始青天。

這一場三天、六天之爭的結局，以太一信仰讓出了最高神格告終。隨著後來原始教義派逐漸軟化，以及歷代道門領袖的推動與包容之下，太一信仰並沒有真的被完全廢止，而是仍然作為大神被保留了下來，並且由於具有**前任**北極星與六天**故氣**的屬性，太一信仰搖身一變，成了掌管**過去**的大神。

因此**當人們成了過去**，就歸入太一神的管轄。而太一，即是太乙[120]。因此，這位掌管過去的大神，就是我們所熟知的**太乙救苦天尊**。但如果陰氣真的玩到太重了，實在回不去的話怎麼辦？我們就會採用一些拔度或者鍊度儀式，幫忙送他一程喔，這是題外話。

120. 這就是太乙救苦天尊的由來。

三個愛告狀的小傢伙

幽精生於太極陰宮，降於十月五日

這個幽精就很簡單啦，除了色色還是色色，然後吃吃喝喝睡睡，再加上貪求無厭，結束！

既然他是陰氣裡頭的渣渣，所以來自太極陰陽當中的「陰」，就稱為太極陰宮，也就是地府的意思（幽精．．欸欸欸前面兩個篇幅這麼長，怎麼我就只有兩句話啊QQ）。

皆以本降之日，上詣本宮受事，送人善惡，謂之三魂會日。

這三魂呢，都會在前面所說的日子被召回管轄機關交差，交什麼差呢？

交「送人善惡」的差喔，也就是把這段時間的善惡紀錄送回去存檔，那麼這些回去交差的日子，就又稱為三魂會日。除了這個三魂會日以外，還有一個小攢會日，也同樣是回去打小報告送人善惡的日子，這邊知道一下就好，反正日期不那麼重要ww。

若三魂不相制御，歸本宮

如果三魂不受到你的制衡，被他跑回本宮去打小報告了，那怎麼辦？其實還是有救喔，但最好還是一開始就把他抓著，別放他回去。

各言人清淨、不生惡狀，則魂常不離人左右，神氣雄壯，百神隨從，所為無不從其善願

這裡說啦，你行得正做得正，既沒老司機的心、又無謀算的念，我們說爽靈跟幽精就算被召回了，也沒小報告能打。這種情況多來幾次，他們乾脆就不走了，所以「魂常不離人左右」。

三魂合在一起，就是一個人完整的精神力量，既然魂常不離人左右，久了這個人的精神自然強盛，所以說「神氣雄壯」。這時候身中百神都乖乖聽你的號令，而不是那個騎到你頭上的爽靈或幽精嘛，故稱「百神隨從」。

到了這個時候，你想做什麼都自然會有適當的人、事、物出現來幫你，我們說吸引力法則喔。這個法則是這樣子才會有用的，而不是殘殘在那邊瞎想而已。

至此「所為無不從其善願」，這裡你要去開壇、作法、祈禱許願之類的，也自然應驗率才會高。

災害、陰邪、疾病不敢輒近其形體

既然沒人去跟各路大神打小報告，又三魂內守、百神隨從，又開了所為無不從其善願的 BUFF，那麼一些有的沒的衰小事情，就比較不敢這麼不長眼撞上門來喔。

所以災害跟作祟的鬼神都不靠近你，別人是怕**卡到陰**，你這邊是**陰怕被你卡**到，根本內建金光神咒喔。

正課上完了，還是要教你一下怎麼偷吃步喔♡

正一真人曰：夫修道攝生，常以清旦日未出時，叩齒，三呼三魂三遍。

這個地方很有意思，正一真人突然話鋒一轉，跟趙升說了一句：那麼修道跟攝抓住生命力的方式呢，經常在清晨太陽公公還沒出來時怎麼樣？叩齒[121]喔，一般我們看到叩齒就知道準備念咒語啦。這邊說三呼三魂三遍，其

121. 這邊沒有硬性規定幾下，常態性來說以三下或七下為準。

實就是喊三魂的名字喊三次啦，但這個喊是有技巧的，等等會說。

夜欲臥，亦三呼，咒曰

晚上睡搞搞前，也喊他們三次，怎麼喊？用咒語喊喔：

胎光延生，爽靈益祿，幽精絕死。

這就是好睡覺咒語本文。他的意思是胎光過來，給我好好延長生機，很好；爽靈過來，你不是很愛我謀利嗎？那就好好讓我的財祿增加……，幽精過來，別在那邊給我亂，讓我的死亡速度減緩一些，現代話叫做抗衰老。

所以喊不是傻傻地胎光胎光胎光、爽靈爽靈爽靈這樣喊，這樣喊不像在制御魂魄，比較像中邪了，而是要順便交代任務給他們，讓他們知道誰才是老大哼哼。那麼三魂（主要是後面兩個黑黑的小傢伙啦）被教訓過後，就比較安分守己了，不敢太過北爛喔。

這就是制御魂魄修練體系中的一小環。

每日如此，魂不離人左右，
飛災橫禍、惡鬼兇神不能為害，游夢變怪杜絕房寢。

最後就是本品之中咒語跟法門的主要目的啦。

每天都能喊他幾下「我叫你一聲，你敢答應嗎」[122]的話，那麼三魂不敢趴趴造，也不敢去打小報告對不對？連帶著由於你的魂光旺盛，一些魔神仔啊、壞兄弟啊（好兄弟的黑化版）都不敢來鬧你，飛災橫禍就比較少喔。

「惡鬼兇神不能為害」嘛，敢來的你就一串天蓬咒從他天靈蓋灌下去……呃，還是盡量以和為貴啦，非不得以別這麼派喔。

「游夢變怪杜絕房寢」這個游夢就是亂作夢，穿比不穿還冷睡了比不睡還累喔，那麼夢是魂的延伸活動，既然三魂都被你從後脖子處攢住了，自然這種亂夢、

122. 金角大王、銀角大王表示：

瞎夢的狀況就會少一些。變怪就是說做惡夢啦，夢裡夢到一些奇怪的東西喔，那麼這些亂做夢跟夢到歹咪仔的情況，就都會從你的臥室裡面被杜絕掉了。

如此，自然是一覺到天亮，舒適得很。

所以當身邊有人在做惡夢、或是自己常作惡夢的時候；又或者出門在外準備就寢前，想增強自己的防禦力，但又不到需要使出攻擊手段的情境之下，這個咒語就會是非常實用的首選。

BTW，在處理**惡夢睡不好**的咒語當中，還有另一段有名的六天門名咒，這個**六天**有沒有覺得很眼熟ＷＷ，但是這裡再寫進來，恐怕各位會搞亂掉了喔，我們日後有機會的話再讓它登場♡

三魂睡搞搞品，**AKA** 正一真人的課後輔導講義，下課！

斜槓品

第六

能仙能凡的斜槓流道人

經過了上一品的靈魂拷問（？），相信各位都睡得不錯喔。那麼趁著精神飽滿的當口，這一品就讓我們來聊聊**道門之中怎麼準備考試**，嘿嘿。

這時候可能有些朋朋會有問題了：「道人也要準備考試喔？」

要啊，怎麼不要。

道人也是人，畢竟還沒修練成仙嘛，也要吃穿用度、柴米油鹽喔，不是每天在道觀中誦誦經、背背天干地支，銀行餘額就會自己增加啊。

道德天尊在周代王室圖書館出版的《道人行事準則》[123]一書中也說過，一個合格的道人要能夠做到：「和光同塵」[124]喔。

意思是，當你身處的環境都是光的時候，你也要能夠變成一道光；當你處在都是灰塵的環境時，你也要能夠當個稱職的灰塵。換句話說，既要能成為光、又要能

123. 就是《道德經》啦，說它是道人行事準則也沒錯喔。

124. 原句是：「「挫其銳，解其紛；和其光，同其塵。」

成為塵，那麼要修煉就要能修出個三花五氣、要生活也是要作到能**好好地在社會上立足**。

而以一個道人身分，或者說一個道人的自我認同來說，在社會上立足主要有兩種方式：

一、全職

全職就是專業道士喔，譬如像全真派這樣直接出家冠巾了，不婚不娶、隔絕凡俗。那麼這種狀況下要弄些人間賭場的小鋼珠[125]來日用的話，主要就是透過信眾捐獻、辦法事、解籤解卦等等方式，另外有些道觀會有廟產，衍生的利息也可以作為對觀內道士的生活補貼，不過這種形式在台灣並不常見（好啦坦白說台灣我沒見過，哈哈）。台灣更流行路線二，等等會說。

而全職道士在玄學層面上是有風險的，引用一下隔壁棚的說法：「今生不得道，披毛戴角還」啊。

什麼意思？

125. 刀了，DOLLAR！

意思是你作為全職修行者，大部分時間都用在修行上嘛，那麼很多開支用度都是有信眾來供養的，這其實也都OK。問題是人家供養你不是供養好玩的喔，是因為他有很多事情要分心，沒辦法修煉，所以用他的資源來幫助你，那你的工作就是好好修煉啊，以後得道了要記得回來拉他一把。

用現代話來說，就跟股東和專業經理人的角色一樣嘛。股東出錢，經理人要專注於治理公司啊！公司治理得當，有了盈餘後又反哺給廣大股東，這才是正道；反過來說，你不好好經營，欠了這些股東的債，在現實社會中你會被人家吐口水的。

而在修煉體系呢？下輩子出來作牛做馬還債吧。當然古代的勞動力組成中，獸力占了很大一部分，所以說讓你「披毛戴角還」嘛。那麼現代呢？想當牛也不是大家都當得起喔，肉質不夠好的話還沒市場對不對？

那麼就只好去當**社畜**啦。

所以各位如果在職場上遇到一些明明很聰明、很有才華，卻又老是遇人不淑啊或者不得老闆疼的案例，從這個角度觀之，很有可能他以前就是個修行人喔，只是拿了太多信眾資源又闖關失敗，這次只好來幫人家打工還債了。

二、兼職

那麼有的道人會覺得說我不要玩這麼大啊，自己兼差賺錢，有空再來修煉嘛，我們說不管不顧、盈虧自負，也是相當地乾淨清爽喔，不然一邊修煉，一邊又要擔心欠這麼多信眾的人情債、香火債怎麼還，那心理壓力實在太大了。

這種思路在佛門也曾經盛行過，唐代有位百丈禪師（國文課有教過吧？）不就也提倡「一日不作、一日不食」嗎？強調的也是要自產自銷自給自足。

可既然要兼差，那麼就得先取得對應的社會身分呀，這就跟要成為冒險者的話，要先加入冒險者公會一樣。而很多比較正規的社會身分跟許可資格，又往往需要透過**考試**去取得。

於是為了取得可以自給自足的身分，按照慣例，這些斜槓流的道人們又要來使用 BUFF[126] 加成啦。

126. BUFF，增益的意思。譬如說你原本的攻擊力是 1，開了 BUFF 可以增益成 1.15 之類。但這裡要強調的是，如果攻擊力本來為 0，開了以後還是 0。因此最基本的少量努力還是需要的，勿過度依賴 BUFF。

考試增益之術，五文昌參上！

道門之中凡有BUFF，大抵[127]都是有主神的，也就是說要有個BUFF的來源。既然這次要開的是考試BUFF，那麼當然是找考試之神喔。

而在道門內，業務職掌比較跟考試有關的有五位神祇，分別是**朱衣神**、**大魁神**、**關聖**、**呂祖**以及**文昌神**，由於都是圍繞著跟讀書考試有關的職系，因此又被後人合稱為**五文昌**。

・朱衣神篇・

朱衣神別稱朱衣神君、朱衣夫子，但這個朱衣夫子的發音跟朱熹夫子太像喔，所以後來也有人乾脆就把朱衣夫子的神位替換成朱熹，可實際上是兩位不同的角色。

127. 大抵啦，我也不敢把話說死 XD

關於朱衣神的由來，一般說法是宋朝宗室趙令時的作品《侯鯖錄》中，一段關於歐陽修當考選部閱卷委員時遇到的不可思議事件。然而實際上，《侯鯖錄》裡面應該沒有這段紀錄，不信的話你可以用手機查查看，我用了「歐陽」、「文忠」、「朱衣」等等關鍵字去餵都沒搜尋出個結果。

反而是在明代的《堯山堂外記》、《夜航船》中有相關的記載：

歐陽修知貢舉，考試閱卷

這個「知貢舉」的知字，有主持的意思，代表說當年的那次國考，主考官就是歐陽修，並且不但是主持而已，還親自跳下來改考卷了。

常覺一朱衣人在座後點頭，然後文章入格

那麼以前的科舉沒有考是非題嘛，都嘛是申論題，古時候又叫做策論。

這種考題主要是為了觀察考生對於國家內政的看法，以及更重要的，能不能提出適當的解決之道。因此這些申論題往往沒有絕對的對錯可言，考卷改起來不像是非題、選擇題一樣答案對一對就好喔，而是要真的每一份下去閱讀，然後分辨考生的思維深度如何。

結果那次閱卷，每當歐陽修刷到了品質不錯的卷子時，很奇怪內，隱隱約約就會覺得好像有人在身後暗中點頭。點頭也就罷了，歐陽修還能「感應」到那人是穿著紅色官服的，這就厲害了，歐陽寧次[128]喔。

這邊的「入格」其實是命理用語，在命理上我們說一個人的命格成了格局，也會用入格稱呼之，那麼一般而言，成格的人在命局上的表現會比較好喔，在這裡就延伸為文章寫得好、有及格的意思。

始疑傳吏，及回視，一無所見

一開始歐陽修還以為是辦公室同仁，也沒太放心上，只是認真改考卷。可能後

128. 存在於傳說之中的忍者，據說修煉了 360 度無死角的瞳術。

來次數多了，背後老站個人的感覺實在不太舒服喔，有次就在那個隱隱約約的感覺又出現的時候，我們修哥突然發力、猛地轉身一看。

咔──閃到腰了！

不看不知道，看了嚇一跳。

竟然沒人！

阿娘喂，這卷是要怎麼閱得下去啦？歐陽寧次公的冷汗都快流出來了。

因語同列而三嘆。嘗有句云：

「文章自古無憑據，惟願朱衣暗點頭。」

這件事情後來就在考試委員的辦公室裡頭傳開了，據說歐陽修還寫了句詩，大概的意思就是說，文章寫得好不好是很難說的，無憑據嘛！但這些讀書人唯一的願望，就是那位朱衣人肯暗中點頭啦。

朱衣出品，必屬佳品；朱衣點頭，考試不愁。

於是這位朱衣神就這麼被各位考生供奉起來了。

這個典故到了清代的小說《續鏡花緣》中，有一段描述了男主角甄成仁考試屢考不上的故事，裡頭也提到了「爭奈時運不濟，命途多舛。文章雖然錦繡，朱衣不肯點頭」的說法，不過後來真的讓他考上，卻又轉眼就登出了，好一個雲從龍、風從虎，功名利祿塵與土，幫QQ。

BTW，這個故事告訴我們，至少在清代時，朱衣神的信仰就已經流傳甚廣了喔。一直到了現代，各位應該也很常在各路文昌宮內看到這位大神，下次要考試的時候，記得去擲筊問看看人家肯不肯幫你點頭嘿ＷＷ。

關聖、呂祖、大魁神，負手而來！

・關聖篇・

大家或許會覺得很奇怪喔，**關聖**是武聖內，怎麼會跑到五文昌裡頭插一腳呢？這其實是有原因的。

一般而言，但凡是關公雕像，都可以粗分為兩大類，分別是武關公跟文關公。武關公就是拿著青龍偃月刀的，武力+9啊，但雖然同樣是拿刀版本，不同姿勢還是有著不同的含義。

如果關刀是立起來的，這個叫做**直刀**，代表說八十二斤的冷豔鋸有擺出來，但是沒揮下去，只是威懾而已，一般放在本來就沒什麼狀況的居室，用以護宅平安；可如果刀身是朝下的，這個叫做**劈刀**，意思是關刀不但拿出來了，還做出劈下的動作，那麼就有借關聖的殺氣以鎮壓邪祟、端正人心的用意在，我們說進入戰鬥狀態的感覺喔。

文關公呢？則通常是一手捧書、一手叉腰或者撩袍的造型。

那本書捧的就是《春秋左氏傳》[129]，且不說也是科舉制度下的熱門參考書，光是這本古籍的用語，放到現代，有些中文系的朋朋都不見得啃得動喔，反倒是在當時那個識字率悲劇的年頭，人家能整天捧著當小說啃，那種閱讀能力之高啊！因此讓祂來管考試也是說得過去。

再加上關聖本身的信仰分布超廣，佛道兩門都吃得開，到處都有服務處，便於參拜，於是不少考生也就順理成章地去跟祂祈求考試順利了。

・呂祖篇・

至於呂洞賓**呂祖**，**AKA**孚佑帝君、純陽真人、全真祖師，人家本來就是正而八經的讀書人出身，相傳去考試的路上被星探仙探鍾離權給看上了，想要跟他簽個經紀約嘛，組一個八仙天團。

但是天團之所以是天團，當然還是要稍微篩選一下啊，於是鍾離權在呂祖會經

129. 《三國志·關羽傳》的裴松之注解版本，引用了《江表傳》的記載：「羽好《左氏傳》，諷誦略皆上口。」

過的路上變出了個客棧，坐等這位新人來參加海選。那一場海選的過程大家可能或多或少都有耳聞過了，就是一個負責煮飯[130]、一個負責睡覺[131]。

睡覺的那個睡得可沉了，並且作了個好夢。

什麼夢？**黃粱一夢**。

在夢中，呂祖本來要去參加的考試也如期應試了，緊接著怎麼樣？我們說「布衣換得錦衣歸，風送雲程萬里」喔，一路從地方官員往權力核心靠近，既娶了宰相家的女兒，及到壯年時又為封疆大吏，老年時再為相執政。滿朝文武都敬稱老大人，一人之下、千萬人之上；兒女滿堂、世代簪纓，可謂是相當地煊赫顯達喔。

就在呂祖已經作夢作到眼角都會瞇瞇仔笑[132]的時候，劇情突然間就急轉直下。

先是被政敵構陷，皇帝又不諒解，緊接著抄沒家產、流放邊疆，沒想到命運還不放過他，昔日的同僚故舊們紛紛背叛，家破人亡、妻離子散，自己也身陷追殺，就在上天無路、下地無門的絕境下，呂祖苦苦掙扎，但最後還是被土匪的鋼刀刃頸而亡。

夢中之人應劫的瞬間，客棧中的呂祖也滿身冷汗地睜開雙眼、驚坐了起來。

130. 煮的就是黃梁飯，也就是成語黃粱一夢的由來。最早的版本是《枕中記》跟《太平廣記》中的〈呂翁〉篇，到了元代時馬致遠改版成了這個版本的《黃粱夢》。

131. 鍾離權負責煮飯，呂祖負責睡覺。

132. 形容相當沉醉的笑容，大概像這樣 → (*ˉ︶ˉ*)

這時候煮黃粱飯的電鍋還沒跳起來喔，只見鍾離權笑吟吟地問他，這位小朋友啊，還去考試嗎？

「……。」呂祖沉默地舉袖擦了擦汗：

「考什麼考？」

「我早已醒了。」

一夢中盡見榮枯，覺來時忽然省悟。

「我願——加入八仙天團。」

三百年後，鍾、呂兩位專業仙探，找上了家住陝西大魏村的王員外[133]，王員外在修練有成之後，硬生生地又收了七位弟子，開創出道教在龍虎山以外的另一座祖庭，這就又是後來的故事了。

這樣一位讀書讀到有資格飛升的讀書人，給他管考試適不適當？簡直是太適當了喔。

至此，五文昌已出其三。

133. 王員外，姓王名吉，字知名，道號重陽子，後人尊稱為——王重陽！

・大魁神篇・

在前面的天蓬品我們有提到過，道教自古以來就有很強烈的星辰崇拜喔，而在二十八宿之中掌管文章的，則分別是西方七宿中的奎宿以及東方七宿中的壁宿，所以有些文昌祠中會有個「奎壁聯輝」的匾額，就是在講這件事情。

然而在後來的發展上，奎宿意外地人氣更好一些，以致於漸漸地大家有點忘記壁宿了，因此，大部分提到文章時還是以奎宿為主。

還記得前面的**歐陽修與朱衣神**嗎？每當歐陽修批閱到 SSR 等級的考卷時，朱衣神就會在後面點點頭，而有一次點頭就點到了我們蘇東坡，殊不知從此開啟了東坡一路顛簸的仕途人生，就連死後也不安生，還被蔡京刻在了那面充滿屈辱的元祐黨人碑上。

這事是這樣的，北宋中後期開始有了改革派跟守舊派，反正兩派互看不順眼，都覺得對方把國家搞爛喔，那麼改革派大佬是王安石、守舊派領袖是司馬光，反正都是國文課本裡出現過的人物，加上東坡先生啊、黃庭堅啊等等，於是漸漸地就變成了國文課本大亂鬥。

在這場政爭之中，東坡先生照理說比較像中立派，但就是因為這種就事論事的立場，搞得新派也不喜歡他，舊派也沒因此把他當自己人，結果在兩邊都不待見的情況下，只好含淚吞下各種職場霸凌，總之是挺坎坷的。

那麼蔡京是王安石一手帶大的囝仔[134]喔，在他成為了最強權臣之後，就跟徽宗建議說啊不然我們立個石碑，把那些唱反調的大臣人名昭告天下，讓他們知道禍害我大宋朝的下場嘛（原文是**永為萬世臣子之戒**）。

於是這就有了前面講到的元祐黨人碑。

只要碑上有名的，子孫代代不得為官，而他們的文章詩詞也列入禁書之列，從司馬光為首，一共三百零九位 SSR 等級的大臣就這樣被送上了北宋的恥辱柱，當中也有東坡先生的一份。

BTW，東坡先生還沒潦倒前，其實也曾幹到尚書級的高位，乃至於歐陽修知過的貢舉，蘇東坡也曾去知了一次，只是不知道他當主考官時有沒有又遇到朱衣神ＷＷ。

而在當初東坡還意氣風發之際，他有個小書僮。某次東坡不經意地問了小書僮

134. 大哥身邊的小弟之意，台語。

說，小弟弟，你以後長大想幹什麼啊？

沒想到小書僮愣了愣，給出了一個讓東坡驚訝不已的回答：

「生封侯、死立廟，非為貴也。」

「封侯虛名，立廟不離下鬼，」

「願做神仙，吾之志也。」

二十多年後，已經長大成人的小書僮在一次遊山訪道中，遇到了一名自稱**趙升**的道人。

這位趙升大大其實各位也很熟了喔，就是在前面的〈好睡品〉中，那位在山洞裡讓正一真人幫他課後輔導、講解三魂由來的——趙升真人，但課後輔導時還是漢朝，這時候已經是北宋了。

這次奇遇也讓小書僮得到了趙升真人所傳授的雷法，憑藉著一手靈驗的法術，小書僮最終成功地站在了宋徽宗面前，並且讓徽宗對他寵信不已，甚至還蓋了一座專屬道觀給他，賜名：上清寶籙宮。

有次徽宗去寶籙宮拜拜呀，這時已經叫做林靈素的小書僮按例幫徽宗進行科儀，結果中間一個跪拜下去，咦，就不動了。

畢竟是拜拜嘛，徽宗也不好意思打斷他，就在旁邊等啊等啊等，等了超久，要不是當年沒網路，徽宗早就把手機拿出來滑了喔，就在徽宗已經快要不耐煩時，林靈素站起身來了。

徽宗這時候就有點臉色不好看嘛，我好歹是一個皇帝對不對，剛剛讓我在旁邊等那麼久是怎樣？

林靈素回答道：「因為剛剛我上天（估計是元神）去面奏玉帝，結果正好奎宿星君還在職務彙報嘛，我就只好排隊啊，沒想到他講超久，所以等了很久才輪到我，拍謝啦。」

這話一出，徽宗就來興趣了喔，有些驚訝地問：「奎宿星君是哪一個神明啊？啊他是跟玉帝報告了什麼？」

「他報告了什麼，我不能說。」眉宇間依稀還有些書僮模樣的林靈素緩緩道：「但現在擔任奎宿星君職位的，就是本朝的**故**大學士，蘇軾。」

依照古書的紀載，據說人在現場的徽宗是大為震驚喔（上大驚）。這件事情後，徽宗迅速解除了對東坡文章的禁令（本來因為元祐黨人碑，東坡詩詞是禁書），甚至開始喜歡上了東坡的詩詞，到處派人蒐集他的墨跡，連帶的還引發了當時的一陣東波潮流。

這個故事被記錄在宋人筆記《行營雜錄》之中，原文我附錄在註解[135]內，每當我再看到這段故事一次，我都會深深地被這段情誼所動容，想必東坡如果有知，應該也會很欣慰吧。

「元佑黨人碑……倒了。」

「你在天上，可有看見？」

真有你的，小書僮。

135. 徽宗親臨寶籙宮醮筵，其主醮道流拜章，伏地久之方起，上詰其故，答曰：「適至上帝所值奎宿奏事，良久方畢，始能達其章也。」上歎訝久之，問曰：「奎宿何神為之，所奏何事？」對曰：「所奏事不可知，為此宿者即本朝蘇軾也。」上大驚，不惟弛其禁，且欲玩真詞翰，一時士大夫遂從風而靡。

話說回來，既然這麼會寫文章的東坡先生（還當過主考官耶），都曾擔任過奎宿星君一職，那麼這個星宿，被認為是能夠保佑文運的神祇也就很正常啦。

除了奎宿故事的影響之外，在星斗信仰中最根深柢固的北斗七星，第一星的秘諱[136]也是個「魁」字，因此道教中又稱為陽明大魁星君。

另一說是北斗的前一到四星為斗魁、後面三星為斗杓，由於魁斗剛好是那個北斗大杓子的頭部，於是跟第一星一樣，都有「首」的含意在，換句話說就是有考第一名的寓意在，古代叫狀元喔。

奎宿主文章，加上北斗第一星與北斗大杓子的頭部，那是文章又好、名次又高啊，因此這三種說法融合起來之後，就成為了如今的大魁神信仰，也稱為魁星爺信仰。

又由於「魁」字是鬼十斗的組合，所以在造型上就演變成一個長得，呃、不能說很兇喔，就是**很有特色**，然後拿著一個斗或是踢一個斗的模樣。

這就是如今，各位在廟宇中看到的魁星爺的由來♡

136. 道教神祇都有專屬於自己的秘諱，不太能外流，一般是在神職人員行法時才會使用。

這個天文圖本來是南宋太子少師黃裳[137]幫太子上課時用的教材，看到這裡的各位，待遇都是東宮級的ＷＷ。

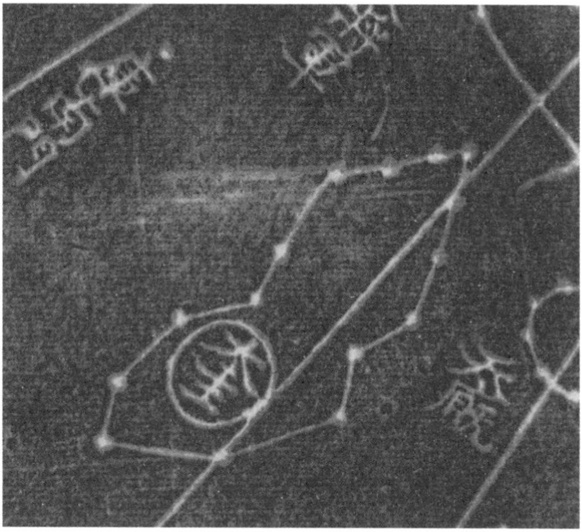

圖 5／南宋《蘇州石刻天文圖》中的奎宿

137. 據說就是金老師筆下那個研發《九陰O經》的大高手的原形。

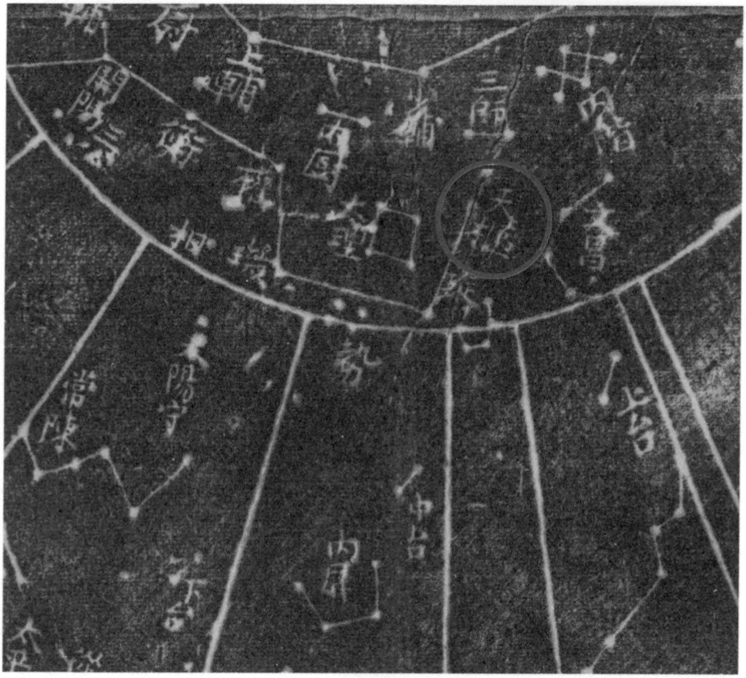

圖 6／南宋《蘇州石刻天文圖》中的魁星

這顆星又名天樞，另一個更為人所知的名字是——貪狼星。

一切的一切，老師早就預告在前！

前面我們聊到了準備考試時，可以去廟裡拜五文昌，祈求金榜題名、錄取順利，然而在朱衣神、關聖、魁星爺以及呂祖之外的第五位文昌神呢？

這位文昌神，在道教中又 AKA 更生永命天尊、寶光純一天尊、雷應帝君、不驕樂天天帝（這個我們在粉專中的《九天生神章》中有聊過），以及最最重要的——**文昌帝君**。

前面四位文昌神，或多或少都另有些本業（好啦朱衣神好像沒有，祂一直在主考官後面點頭ＷＷ）。

例如關聖又是武財神、偶爾還去隔壁棚[138]兼職護法神，管考試算是順便的。

魁星爺是主考試沒錯，但同時祂也是北斗第一星貪狼星呀，北斗七星有奪忙你知道嗎？道教的法式中，基本上就沒有不用麻煩北斗七星的喔。

呂祖就更不必說了，他自己是八仙成員之一，又要到處物色弟子，同時也是全真道名義上的祖師爺，身分多元得很，更荒唐的是，有些想分手的也會跑去拜他（呂祖：黑人問號？），要處理的事情超多超雜。

而我們文昌帝君呢？

《史記．天官書》中說了[139]……啊算了，講這個會害大家睡著喔，我們直接看圖7。

138. 佛教啦。

139.「斗魁戴匡六星曰文昌宮：一曰上將，二曰次將，三曰貴相，四曰司命，五曰司中，六曰司祿。」—《史記．天官書》

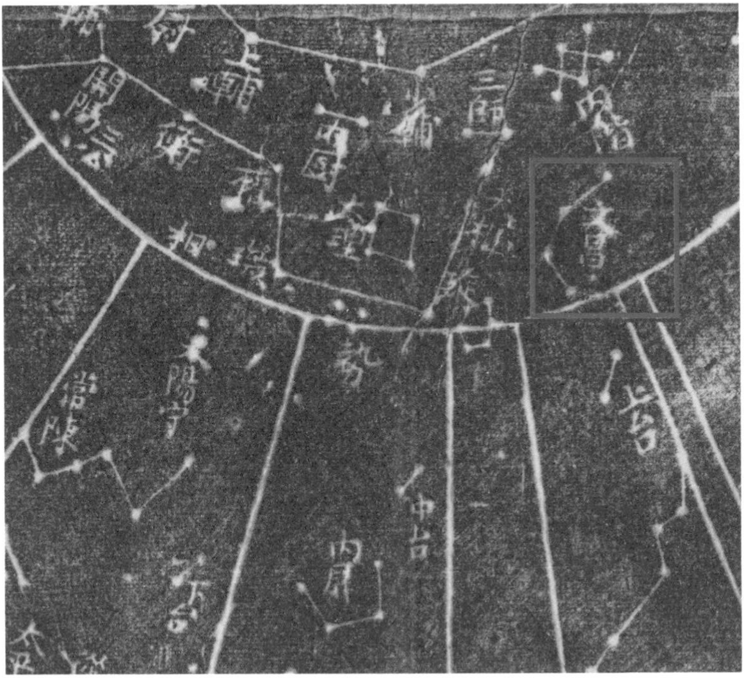

圖 7／南宋《蘇州石刻天文圖》中的文昌星

一樣是蘇州天文石刻。

這邊打個岔，想看看這份古星圖全貌的話，不一定非得跑一趟蘇州文廟，在台中的國立自然科學博物館[140]裡頭就有它的復刻品惹。

紅框處圈起來的，就是〈天官書〉裡頭提到的文昌宮，也是「文昌」這個名詞最早的官方記載。

在這個星宮之內有六顆星，其中最凸顯文昌功能的，就是第三星貴相與第六星司祿。

「貴相，理文緒。」
「司祿，賞功進。」——《晉書．天文志》

因此當我們在供奉文昌帝君時，其實也就是在朝禮空中的文昌六星。

而在道門宇宙的傳說中，文昌六星曾經多次下凡，周朝時下來當了周宣王的大臣——張仲；晉朝時又下來，當了後涼國主——呂光。

140. 在人類文化廳 1F 啦。

這個呂光不簡單喔，是傳說中的重瞳者[141]之一，上一位是王莽，再上一位是楚霸王項羽，都是狠角色 www。

從各代相書的論述來看，重瞳也確實是公侯卿相的象徵，換句話說，生有重瞳的都不是普通人喔，後來有部驚悚片就是以此為靈感，拍了一個**雙瞳**與成仙的故事（怕爆）。

這邊容我多說兩句，在眼相上，除了重瞳之外，各位如果遇到大小眼的朋友，也是要小心一點。大唐後期的「黃巢終結者」李克用、南宋的背嵬戰神岳武穆，就都是大小眼，也都是猛人中的猛人。

日本仙台不是有個獨眼龍伊達政宗嗎？據說偶像就是同樣綽號叫獨眼龍的李克用（你就知道他大小眼有多嚴重）；而岳飛在朝廷中的綽號，也是大小眼將軍。

回到文昌星的轉世下凡之旅。

呂光之後，是後秦的張亞子[142]。

相傳當年唐玄宗被安史之亂打爆時，一路往西南方撤退，在半途上軍隊士氣之低，已經連走都不想走了，結果將領們只好勸玄宗犧牲愛妃，意思是國家弄成這樣，

141. 一隻眼睛有兩個瞳孔的人，所以加起來有四個瞳孔！外星人啊……。

142. 原型應該是蜀人張育，可能有人會有疑問啦，呂光跟張育的在世年份有重疊內，怎麼也算文昌轉世阿？啊……這你就有所不知了，文昌老師有六顆星咩。

都是她的錯嘛（楊貴妃：臥草你自己爛牽拖到我身上來QQ）。

送楊貴妃領了便當之後，軍隊才肯繼續護送唐玄宗往四川前進。

結果就在軍隊駐紮於梓潼的七曲山時，奇妙的代誌發生了。

那天晚上，玄宗正在睡搞搞，夢中夢到了一個書生。那個書生一上來就自我介紹，說自己叫做張亞子，是晉朝時候的人，但這個不重要，您知道一下就好。

重要的是唐朝國祚未斷，您以後還能回到長安城（唐玄宗：歐耶！）。

結果隔年一月，安祿山就被突如其來的內鬨幹掉惹！唐朝大將郭子儀帶著大唐與回紇聯軍成功打敗叛軍。才年底，唐玄宗人就回到了長安城，結束了這趟有驚無險的四川之旅。

一切的一切，亞子老師早就預告在前啊！

玄宗回家之後也沒把亞子老師給忘諸腦後喔，很大方地冊封了**左丞相**的官銜給祂，所以說出場時自報門號還是很重要的（？）。

殊不知，有一就有二，一百多年後的梓潼縣境、七曲山上、張亞子廟內，**又**一位落難貴人虔心跪拜。

「神明在上啊，我有夠雖小[143]，遇到黃巢之亂啊，拜託你要保佑，保佑善男成功渡過難關啊……嗚嗚嗚。」風塵僕僕的唐禧宗一邊解下隨身配劍當作供品，一邊祈求著。

兩年後，唐末名將李克用橫空出世，連敗黃巢，打得黃巢眾叛親離，最後在狼虎谷自盡。

再兩年，唐禧宗也終於結束了他的四川之旅，回到長安城裡他溫暖的家。

這戰之後，張亞子神威大振啊，根本是唐朝皇帝的**返鄉專車**喔，朝廷的敕封從左丞相一口氣連漲N級，跳到了王爵，世稱：濟順王。

再之後到了宋、元兩代，仍有君王不斷加封，不輸後來媽祖婆的加封紀錄，最後是在元代，成功進軍帝君之位，成為了如今大家所熟知的文昌帝君[144]。

143. 形容一個人很倒楣的意思。

144.「唐明皇西狩，追封左丞，僖宗入蜀，封順濟王，宋咸平中改封英顯，元延初加封輔元開化文昌司祿帝君，帝君之稱始於此。」，出明末《日知錄》。

圖 8／梓潼的七曲山大廟

沒錯，這座廟的廟名就叫大廟，由於是文昌帝君的發源地，所以匾額叫做帝鄉。（圖片來源：維基百科）

心智大開之術！文老師[145]的開心神咒！

清楚了文昌帝君的來歷之後，那麼按慣例我們該來看看祂老人家的咒語啦，這也是考試加 BUFF 之術的泉源喔。

文昌帝君開心神咒，這個開心不是**哈哈哈哈哈**的意思，而是**開**啟**心**智的意思，原文被私藏在一本低調的道書[146]裡頭，又被稱為**文昌帝君心咒**：

145. 文昌老師的意思 ww。

146. 出自《道藏輯要》中的《三丰全集》。網路上只找得到咒語，但直接用咒語去搜尋的話，應該是很難找到出處 ww。

九天大帝、身披白衣，
日月照耀、乾坤斡隨，
有能持誦、聰明如斯，
黃老丹元、與心合宜，
五神衛守、八聖護持，
誦之不輟、萬神赴機，
我司大化，文治瓊瑰，
詞源浩蕩、筆振風馳，
九天開化、萬章洞微，
元皇上帝、勿稽勿遲。

這裡將咒語的主旨簡單翻譯一遍。當然，若不理解主旨仍可直接使用，因為咒語的關鍵在於前文提到的「真」與「一」。為了防止有人對內容有疑惑，或者想弄清楚它到底是在說什麼喔，我們就**稍微**解釋一下咒語的內容。

147. 為防有人想知道（真的會有嗎哈哈），九天分別是：鬱單無量天、上上禪善無量壽天、梵監須延天、寂然兜術天、波羅尼密不驕樂天、洞元化應聲天、靈化梵輔天、高虛清明天、無想無結無愛天。

148. 一種頌揚神祇的文體，跟布袋戲人物的出場白有異曲同工之妙，會記載這個神祇的特色或來歷之類。常用於道士祈請或者跟神明建立感應之時。

九天大帝、身披白衣、日月照耀、乾坤斡隨。

為什麼叫做九天大帝呢？在道教的天界分類中有所謂的九天[147]說，也就是各位常常聽到的九重天。而九重天之中各有帝主，被稱為九天生神上帝。

其中有一個天境，全名是波羅尼蜜不驕樂天，而我們文老師就是此境的帝主。因此在文昌寶誥[148]中才有了「不驕帝境，玉真慶宮」與「不驕不樂，職盡乎天地水官」[149]這兩句。寶誥這種文體在拜拜時也可以使用，譬如今天我們拜文昌老師，那麼就可以在上香之際低誦寶誥這樣，不過前提是你要先背得下來啦WW。

後面三句「身披白衣、日月照耀、乾坤斡隨」則是描述文昌老師的的形象。

有能持誦、聰明如斯，黃老丹元、與心合宜。

如果有人可以持續地誦念，哇塞，恐怖聰明如斯啊，能夠變聰明喔。

黃老是指中央黃老君，也是道門大神，在道經[150]中的記載，當修練身神到了突

149. 文昌寶誥的全文是：「不驕帝境，玉真慶宮。現九十八化之形藏，顯億千萬種之神異。飛鸞開化於在在，如意救劫以生生。至孝至仁，功存乎儒道釋教；不驕不樂，職盡乎天地水官。功德難量，威靈莫測。大悲大願，大聖大慈。九天輔元，開化主宰，司祿職貢舉真君。七曲靈應，保德宏仁大帝，談經演教，消劫行化，更生永命天尊。」

150. 出自上清派早期的經典《紫陽真人內傳》。

破腦中洞房宮這關後，就可以看到這位通關 NPC 了。

丹元則本來就是《黃庭內景經》中對心神的稱呼，心神丹元，字守靈喔。

那麼這兩位 NPC，一個顧大腦、一個顧心智，那麼這就是要硬生生讓人變聰明的節奏啊，悟性加三、豈不美哉？

五神衛守、八聖護持，誦之不輟、萬神赴機，

前面我們說過了**五文昌神**，再加上創造文字的真．源代碼之父倉頡、先秦最強博學者孔子大大、以及據說是太白金星下來玩、詩成泣鬼神的李太白這三人，就合稱**八聖**。

根本就是史上最強的補教天王團隊喔。

持誦不輟的話，等於是把這些天地之間、文精所化的人神團隊都召喚來了，加持自己吸收知識，從這個角度來看，這個咒語其實並非只限於考試使用，那太狹隘了。

但凡是跟感悟、學習有關的領域（對，扯得上邊就算），都是適用範圍喔。

譬如我們今天要學 AI 繪圖啊還是什麼新玩意，實在搞不懂怎麼用對不對，你就給他**九天大帝，身披白衣**念下去……。

我司大化，文治瓊瑰，詞源浩蕩、筆振風馳，

這個「我」，是文昌帝君的第一人稱，大化則是教化的意思，這裡說了，「教化」，就是祂最主要的業務職掌。

既然有「教」，就要無「類」喔，因此不管你原本是爛泥還是朽木，既然你肯來誦念我的咒語，然後好好學習，那麼我自然會為你加持。

加持在哪方面？「文治瓊瑰、詞原浩蕩」，讓你文章寫得超好、文思泉湧，成語用不完、梗也用不完，輸出能力拉到 MAX 為止喔。

只有輸出能力還不夠，這邊再來個「筆振風馳」，連攻速都給你拉拉拉上去。

那麼可能會有人有疑問啦，現代人都敲鍵盤或按手機輸入法，這樣也有效嗎？

當然有效啊，工具只是「形」，背後的學習與輸出系統才是「神」，從PUT IN到PUT OUT，一整套學習週期都幫你開啟了增益BUFF。

這，就是文昌老師的工作。

九天開化、萬章洞微，元皇上帝、勿稽勿遲。

現在這個「九天」各位知道意思了吧？這邊這四句要回到你自己的第一人稱喔，請九天生神上帝中的不驕樂天帝主來開化我。

讓我可以「萬章洞微」，也就是看什麼資料，都能去吃到他的精髓，洞澈其中深意，不會永遠只停留在很表面、很膚淺的理解上。

在南北朝的道書[151]中，不驕樂天的帝主又被稱為**不驕樂天帝高上元皇**，因此第三句所呼請的元皇上帝，同樣是在向文昌老師祈禱喔，祈禱怎麼樣？

「勿稽勿遲」，快來幫我啦拜偷。

151. 出《上清太上開天龍蹻經》。

加碼——記不住長咒的最佳替代方案：淨心神咒！

這時候可能有人又有問題啦，這個咒語這麼長，還有前面的天蓬救護神咒也這麼長，記不住怎麼辦？

雖然說這個文昌開心神咒，本身就是幫助學習的咒語，但就是學習能力在不夠用了才想開 BUFF 呀，一下子又要背這麼長的咒語，也確實可能有些難度。

這就像是有個人正在愁收入不夠了，你還跟他建議說先拿個三、五百萬去存股一樣喔。

因此我們在這邊另外提供一個用來靜心的短咒，咒語本身的長度只有文昌開心神咒的二分之一不到，既是靜心，也是淨心。心思澄淨之後，自然也能夠提升專注力與學習效率喔，咒語如下：

●太上台星，應變無停，
驅邪縛魅、保命護身，
智慧明淨，心神安寧，
三魂永久，魄無喪傾。●

這段咒語的力量來源，是天空中的三台星，不知道在哪邊的話，我們看圖9。

圖9的上方是我們魁星爺，右上方是文昌老師，那麼框起來的就是三台星。

古人講究天人感應，意即人間的官職，很多都是參考天象而設置的，那麼這個三台星也就成為了古代三公的設置起點，因此以前人要祝福一個人未來發貴的話，就會說「位列三台」。

總之就是很尊貴的意思。

而在道門之中，許多符令也都借用了三台星的星力，一般來說會畫在符頭之處，也就是一張符的頂部。

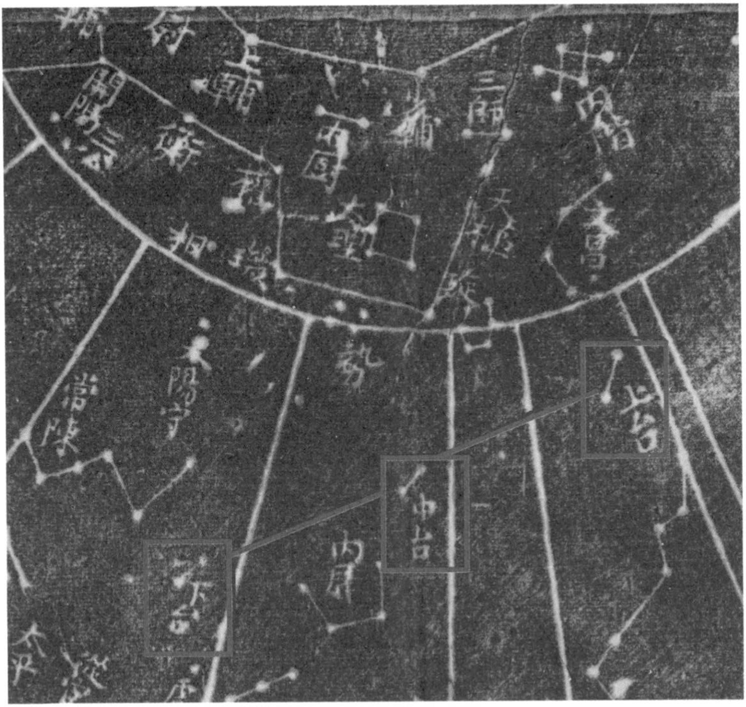

圖 9／南宋《蘇州石刻天文圖》中的三台星

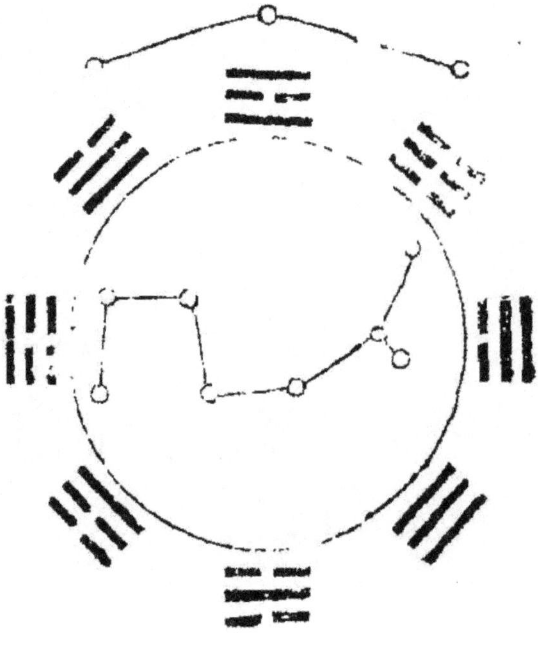

圖 10／璇璣圖

譬如圖10這張三台璇璣圖，就是道門某個巨大符陣的開頭（置於頂端），最上面的三個圈圈加連線，就是三台星。

這段咒語的大意就是，借用三台星君的星辰之力來把干擾心神的因素都趕跑，讓誦咒者「智慧明淨、心神安寧」，連帶地也把三魂安撫下來（主要是爽靈跟幽精啦），別讓他倆作亂喔。

因此如果長咒一下子沒辦法，這也是一個非常穩的替代方案，附錄在這裡讓各位參考♡

再加碼——文昌塔太貴？不知道怎麼擺？你有試過文昌筆嗎嘿嘿嘿

說到文昌法門，現在市面上常常聽到的應該是所謂文昌塔、文昌位等等喔，但按照慣例，別人的法門我不便評論，我只能分享自己的ｗｗ。

這個法門我曾親見人用過，對方也確實在使用後考上了他想要的考試（高考），因此對我而言，印象相當深刻，直到某天在爬古文時還真給我爬到了，方知確實有這個記載，簡述如後。

準備材料：毛筆二支、朱砂。

使用方式：將毛筆沾上朱砂，等它乾了之後找個適合的門，一般是用書房或辦公室啦，但是看你自己，別那麼白目去黏在廁所就好。

然後把筆固定在門後跟牆壁的那個夾縫處就可以了，當然你要用掛的也可以，總之就是固定住。

這個法門其實是厭勝術的古法，原版是用一支毛筆加上一塊墨錠黏在門邊，但是台灣的氣候潮濕，我不敢保證墨錠會不會產生流湯的問題，因此更改成用複數支毛筆替代墨錠。

在原文中有特別註明，如果毛筆發生蟲蛀的話則會**剝官退職**，總之就是影響事業運喔，因此在筆頭沾上朱砂做為防蟲防腐之用，別用肌膚去碰、更別誤食。而如果更有心的話，也可以自己加持文昌開心神咒N次（那個N看你高興）後再固定上。

一個簡單卻好用的**文昌筆壓勝術**就完成啦！

關於更多的厭勝術或鎮宅術，我們有機會的話可以再另闢專文來聊聊……（有機會的話）。

最後加碼——文昌解夢法門！原來夢到聚眾鬥毆是要上榜了？！

在前面，我們一股腦地把所有的文昌法門全都端上桌了，那麼問題來了……

如何知道自己的文昌法門是否要有效驗了呢？

答案是——睡覺。

沒錯就是睡覺，而且要睡個好覺，好到能做夢的那種。

~~因此在這裡，我誠心向各位推薦一款枕頭（以下工商欄位開放接洽請私信）~~

前面唐玄宗逃亡到四川梓潼時，遇到張亞子神託夢（所以也叫做梓潼帝君），後來在七曲山的文昌祖庭，甚至還有了座**應夢仙台**的打卡點，代表文昌老師本身就是擅長用**夢境給予指引**的。

但有沒有一種可能，就是普通人可能看不懂夢裡的意思？畢竟有時候夢下來，未必都能直接夢到文昌老師本人很直白地開口，更多時候是透過一些隱晦方式，來偷偷揭開未來的一角。

於是文昌法門中，就有了解夢之法：《**文昌應寢篇**》。

原法本[152]的紀載中，即將成名或者有際遇（在古代，登科及第就是最大的際遇喔）前，會有八種夢境。如果夢到了這八種夢境之一，就代表是文昌老師來提醒你了。

提醒你什麼？

152. 出《高上大洞文昌司祿紫陽寶籙》中的〈文昌應寢八圖品〉。

要出運了啦（╯▔▽▔）╯

這八種夢境分別是：

・玉貓應・

夢到漂亮的貓貓就算。

原文中的記載是有人夢到貓貓在他床上跳，後來跑去找道士解夢，道士掏出了那本法本跟他說你要出運了啦。

結果真的科舉上榜喔。

・白馬應・

夢到白馬的意思。

原文中的記載是夢到被白馬咬了一口（好獵奇啊？），也是跑去找認識的道士解夢。

當年科舉就過關啦。

・白鹿應・

夢到白鹿的意思。

感覺很浪漫，好像英國那個魔法少年[153]的護法現身咒對不對？

但是拍謝喔，記載中的那個人是夢到被鹿群踩過去，硬生生被踩爆（OMG……）。醒來以後嚇得不輕，只好去考個試壓壓驚喔。

結果就考上了（OMGx2）。

不過有夢到這個顏色的動物就行，夢中情節不必一樣喔，大家作夢時自己節制一下。

・黃牛應・

主要是要夢到那個牛角，有用**刀**打磨或扣擊更好。

法本中的解釋是因為刀＋牛＋角＝解字，是解元的解（念屆，鄉試第一名的意思），不是很解的解。

但現實中我還沒遇過這個案例回報的，如果有夢到牛角後發生好事的，再麻煩

153. 害你跌倒（台語）的那位。

私訊讓我統計一下，謝謝。

・大鬼應・

這是說夢到大隻的鬼鬼，但是怎樣算大隻的鬼鬼定義很廣喔，譬如夢到黑白無常算不算？

我認為也是算的，不然人家頭上的「一見發財」跟「天下太平」難道是寫好玩的嗎？

法本中的記載是我們奎宿星君他爹，蘇洵。有一天在睡覺時作夢，夢到家裡的書筒（書櫃啦）中跑出一隻很大顆的鬼頭。

嚇一個好大一跳喔。

巧的是書筒的發音跟兒子蘇軾很接近，更巧的是當年蘇軾科舉就上榜了。

（按：是說他爸沒做夢也沒差，東坡哥應該也是躺著都會上啦，畢竟是奎宿星君轉世，還考輸凡人就真的掉漆。）

・**黑犬應**・

夢到山頂的黑狗兄。

法本中的記載是主人翁夢到黑狗窩在腳邊，然後呢？

噫！好了！我中了！

・**法斬五虎應**・

這個就很派了喔，唐代有個士子睡覺，夢到了五隻老虎要咬他一個，在夢中他很神勇地武松上了身（武松‥欸欸你時間線好像怪怪的？），一人打五虎，結果五虎俱斬！

保育類動物差點就給他幹滅絕了喔。

隔年就考上科舉了。

至於有朋友問我啦，那巧虎算不算？跳跳虎算不算？

恩……你看要不要去文昌宮裡面擲筊問看看好了，這我說了可能不算數喔ＷＷ。

・怒擊三人應・

字面意思非常簡單，就是你在夢中一打三了，但是這裡容我又打個岔（咦我為什麼要說又呢？）。

那年的采石磯上，有應過夢的虞相公在場

當時在宋室南渡的年頭，有個讀書人叫作虞允文，有次他就作了個跟三個人幹架的夢，夢中他把那三人打得是一個咪咪卯卯[154]喔，自己都被自己竟然下手下得這麼重給嚇醒了。

果然，隔年就讓他登科及第了。

這時候，他想起了數年前，有次算命時某位道人跟他說過的話：「**君中年榮貴，必至執政。**」

154. 咪咪卯卯，台語，形容被打得很慘的樣子。

執政耶，那已經是丞相級別了，然而剛剛通過國家考試的他，哪裡敢去想這麼遙遠的事情呢？就只是每天老老實實的打卡上班。

某次，皇帝讓他出差，去一個叫做**采石**的前線地區犒賞軍隊，涼缺啦。

我們允文領了差旅費就出發了，想著到了當地就掏出聖旨來講兩句，意思大概是大家辛苦啦之類的。然後~~吃吃喝喝啊、接受招待啊，拿些伴手禮啊~~，就準備回家了對不對？

結果到了現場，軍隊主帥剛好去別處巡視了，不在。

不在沒關係，那我等嘛；等著等著，還沒等到主帥回來，卻等到了嚇到滿褲子挫賽、回來報訊的偵查兵。

偵查兵回報：附近突然發現了金國大軍。

有多大？六十萬人那麼大。等等，六十萬人哪！這根本是滅國之戰的規模喔，而帶頭的正是時任金國皇帝的完顏亮本人。換句話說，整個金國的主力都打算從采石這個地方強行過江，要入侵、呃不，是要直接滅亡南宋了。

主帥不在，現場的官職以欽差虞允文為最高，結果一趟輕鬆愉快的犒軍之旅，眼看著就要變成了莫名其妙的**逃命之旅**。

等等，是誰說我要逃的？

虞允文冷著臉，把一旁勸他快逃的侍衛官訓斥了一頓，回頭逕自拿起了帥帳中的令牌，沉聲道：「馬上把所有將領叫來，我要召開作戰會議了。」

本來按照慣例，宋金交戰，宋軍往往是能跑就跑的，畢竟幾十年被蹂躪下來，多多少少都打到有點恐金症喔。結果沒想到這次遇上個不肯跑的欽差大人，眾將大傻眼了。

但是虞允文當下的反應也沒錯啊，采石到臨安只有六十多公里的距離，跑？怎麼跑？這個戰略點一旦被突破了，以金國騎兵的速度，一天之內就能抵達臨安城下，別說在座想跑的各位都得死，就連皇帝要出海避難的可能性都趨近於零喔。

而且若不在采石這個水域戰場上拖住金兵，宋朝的其他軍隊在正面陸戰上，更難跟金軍對抗，這已經不是岳飛還在的時代了。

「清點一下我們有多少人？多少船？務必把金兵堵在長江上。」沒上過戰場的一介書生虞允文，估計說這話的時候，袖袍下的手都是抖的。

「報告大人，兩萬人。」清點回來的軍官臉色發白。

「諸位將軍——」聽到回報的虞允文同樣臉色有些蒼白，但他沒有選擇後退：「我這裡有天子的詔書，有各式各樣的賞賜。此時此刻，正是這個國家最需要你們的時候。」

「難道諸位就不敢爭這個功勞一爭嗎？」

滿帳將領，全無一人出聲。

「雖然我只是個文官。」年輕的虞允文越說越激動：「但是我也還能手持鋼鞭，跟你們一起上陣啊！」

「信使已經出發了，在援軍抵達之前，我需要你們的幫助。」虞允文對著眾將深深一揖：「懇請諸位與我一起出陣擋住敵人。」

……。

依舊是一片難堪的沉默。

佇立在帥椅前的年輕欽差看向諸將，眾人紛紛低頭，不敢與他目光相接。

「大人……事不可為了。」一旁侍衛官暗中扯了扯允文的袖子，意思是——我們還是逃吧。

虞允文默默地讓侍衛幫他披上了護甲，退出帥帳，眼神中難掩濃濃的失望。

留下了你看我、我看你的諸將。

●●●

那一日稍晚，金兵驚訝地發現對岸的宋軍竟有零星的小股部隊開出，在南岸佈下了……單薄得令人發笑的防線。

「這是砯[155]？」看到這幕的完顏亮站在巨艦高台上，忍不住哈哈大笑，揮手下

155. 三個小，又稱三小。台語「這什麼情況」的意思。

令即刻開始登陸。

南岸的陣地上，虞允文穿著不合身的過大甲冑，倔強而笨拙地指揮著少數他叫得動的部隊，一邊不斷喊道：

「前進！前進！準備作戰！」

就在人數少得可憐的虞允文所部，宛如送死般緩緩向前移動之際——

一通擂鼓聲忽地自後方響起。

「哪來的鼓聲？」虞允文忍不住回頭。

下一刻，營寨大門推開，一支又一支的宋軍紛紛馳出。

「宋將王琪在此！」

「統制官時俊，願做先鋒！」

「宋將盛新，前來領命！」

「戴皋願隨大人腳步！」

「張振來晚了，大人恕罪！」

……

震耳欲聾的戰鼓轟響，依然蓋不住一聲聲嘹亮的呼喊，五位統制官以及大小諸將各領所部，依次在虞允文部隊的兩側列陣，一字排開。

戰鼓聲不停，源源補上的宋軍不停。

「前鋒營，到！」

「左路營，到！」

「後面的快點跟上！」

「右路營，到！」

「火器營準備好了！」

「水師隨時可以出動！」

看著原本滿是漏洞的陣列被陸續填滿，最終構成了一道橫亙於南岸之上、極其壯觀的兵馬防線，虞允文感覺今日的江風未免大了些，吹得他眼眶都有些發酸。

可嘴角卻忍不住上揚。

迎面而來的，是足足有好幾十萬人，號稱「女真不滿萬、滿萬不可敵」的金兵；金主完顏亮乘坐的巨艦近在眼前，艦身所繪的龍鳳花紋是如此的清晰而具有壓迫感。

第一批登陸的金兵戰艦足有七十餘艘，黑壓壓的人頭從靠岸的艦艇上瘋狂湧出。

然而此刻的虞允文卻絲毫不懼，只見他揮動令旗、高聲下達了他漫長軍事生涯的第一道命令：「宋軍──！」

「在！」整齊劃一的回應，沖上雲霄。

「前進！死戰──！」

「死戰！」所有宋軍將士沸騰怒吼。

宋軍防線開始加速挺進，兩支軍隊隨即迎來了最直接也最野蠻的衝鋒對撞，以及登艦廝殺。

•••

那一戰，從南岸阻截開始，一路打到江上，金兵的運兵木筏在宋軍水師的艨衝大艦輪番衝撞之下，損壞極多，留在北岸的大部隊幾乎無船可上，最後以金主完顏亮渡江失敗告終。

兩萬宋軍，在采石戰場硬生生地擋下了金國數十萬大軍的南侵。

金國大軍在後撤整頓的路上，又接到了大後方發生叛亂的噩耗，軍隊隨即陷入混亂，完顏亮也在譁變中被叛將所殺，金國的軍事力量從此全線後縮，不再試圖南征。

史稱：采石磯大捷。

此戰之後，虞允文成為了南宋的主戰派骨幹，一路升到了左丞相兼樞密使[156]，總領全國軍事，直到積勞成疾，死在了整備四川軍務的任上為止。

156. 宋代最高軍事長官的稱呼。這個稱呼一直用到清代的軍機處大臣，都還會被尊稱為樞密。

●●●

「君中年榮貴，必至執政。」算完命的道士[157]向虞允文伸了伸手：「我們修道人不談錢，只談緣。」

「什麼緣？」

「三百緣。」

「……拿去。」

那年，道士看著猶有些少年意氣的虞允文離去，眼中隱隱有笑意。

大宋還有一百多年的國祚，小心，慢走啊。

157. 據說是當年青城山太乙派的高道：劉浩然。

全書完

欸欸欸，不可能沒有彩蛋吧？

下午時分，甲冑已經碎裂得無一處完好的統制官[158]時俊，好不容易殺出重圍，跟一夥親軍銳士退到戰場邊緣，靠在樹上劇烈喘氣。

從宋金兩軍互相衝鋒開始，不知道已經過去幾個時辰了，金兵的數量是真的多，好在己方的士氣高昂，又有品質遠勝金人的軍艦在江上聯動作戰，不然早就被大軍淹沒了。

突然一隻手按上了後背，時俊給嚇得一激靈，轉頭看去。

也是一身狼藉、處處血跡的虞允文。

「我在朝中常聽說時將軍的勇猛。」虞允文的亂髮中夾雜著血汙，讓他的笑容也顯得有些猙獰：「但今天見到將軍，怎麼跟個娘泡[159]一樣躲在後面啊？」

「看到那邊的張字軍旗了嗎？」

158. 宋朝的高階軍官，用於稱呼帶兵將領。

159. 欸欸欸這不是性別歧視內，《宋史演藝》的原文就是「今退立陣後，反似兒女子一般，威名寧不掃地麼？」

「那位張將軍可比你勇多了喔。」

臥草，有你這樣激將的嗎？

時俊內心滿滿苦笑，但看著眼前狼狽到了極點的欽差大臣，他終究沒有笑出來。

他笑不出來。

大宋重文輕武已久，文臣向來是極度鄙視武官的，打自己從軍以來，何曾見過如此跟武官開玩笑的欽差大臣？更何況那個欽差大臣，正在真正意義上地跟自己並肩殺敵。

時俊斂了斂容，肅穆沉默地行了個軍禮，隨即提起雙刀，帶著重甲軍士們又一次鑿進金兵堆中。

「宋軍！」時俊殺紅了眼：「死戰！」

「死戰！」重甲軍士們齊聲大喊。

直到數百年後，後人[160]在翻開滿是屈辱的宋史時，仍然可以看見這行**雙刀時俊**的傳說。

160. 就是 me 啦。由於印象太深刻了，私心希望哪怕多一個人知道這樁故事也好，遂寫進書中。

「俊即揮雙刀出。」
「士殊死戰。」
——《宋史》

亂戰之中，幾番差點被亂刀劈倒的時俊跟虞允文，數次目睹一位披甲將軍率眾衝陣相助。

披甲將軍背負著「張」字大旗，所過之處，金兵紛紛敗退，猛得一批。

「看吧，我就說那位張將軍比較勇吧。」

「幹。」

大戰過後，虞允文論功行賞，結果卻怎麼也找不到那位姓張的將軍，到處詢問各營官兵，也都沒人知道。

這就奇了。

後來軍中有位來自泉州的士兵，聽到欽差在四處詢問，才主動找上了虞允文，跟他說：「欸那個……」

「大人所描繪的特徵，」

「很像我們泉州惠安那邊，一座青山宮裡的神明內。」

虞允文是半信半疑喔，隨即派出了使者暗中去惠安那邊探訪，結果真的有一名叫做張悃的廟神跟士兵的描述高度吻合！

允文立刻就把這件事情上報給了朝廷。

「建炎[161]南渡與虜人戰采石。」

「人見大旗上提張將軍姓字。」

「虞允文聞訊青山土人之從軍者，得其神蹟，錄功上聞。」

「制入祀典，進封為侯。」

——《閩書》

這位被賜封「誠應」匾額，以及**靈應侯**的神明，在後來的南宋朝廷屢次加封下，

161. 當時宋帝的年號，由於宋人自認為是火屬性的，取了個讓美國大宋重新偉大的含義，遂稱建炎。

成為了**靈安王**。

在台灣，祂有個更為人所知的稱呼：「青山靈安尊王」。

或稱——「青山王」。

本來只是要講講作了**文昌應寢夢**之後的際遇，一個不小心把虞允文跟青山王的故事都給講完了，但也沒關係，用他們作為本書的結尾，倒也挺好的。

各位還記得前面說過的三魂嗎？

在本來可以逃走，卻決定不走的當下，我相信允文的胎光已經完全壓制了爽靈跟幽精喔。

而從真與一的角度來看，在那個時刻的允文真不真？

忘掉了一切得失，包含性命在內，只**好好地作了自己一回**。

「我與我周旋久，寧作我[162]。」

簡直是真到不能再真了。

在往後數十年的人生裡，他也一直貫徹著自己的理想，作著自己想作的事情，

162. 出《世說新語・品藻》。

直到生命的最後一刻。

所以呀，誰說修煉，就非得躲到山上隱居不可呢？

好好地過一次不留遺憾的人生，終究才是最強大的魔法喔。

祝各位胎光徹耀、與真合俱，更重要的是——

玩得愉快。

後記

首先感謝大家的閱讀，~~能夠看到這裡您真是辛苦了，~~這趟咒語與故事之旅，讓各位陪某一起從漢代的鶴鳴山、唐代的七曲山，一路遊玩到了宋代的采石磯，真的是很令人感恩的緣分。

關於這本咒語之書，某還有一些話想在尾聲處同各位聊聊。

我們常常聽人家說道法道法，其實「道」與「法」，在道門之中是兩種不同的概念，本書中出現過的人物，未必都會所謂的咒語或者術法，但他們卻幾乎都有著各自的道喔。

那麼話說回來了，你的道呢？

或者說……你的路呢？你真正想走的那條路，可曾踏上了呢？

還是也隨著日漸長大，忘記了自己那**純粹而未曾考慮得失**的喜好呢？在祖天師的課後輔導一節中，我們聊到了三魂的特性，分別象徵了人的三種不同的面向：

能夠計算利益得失的，那是爽靈；能夠沉溺於慾望跟快感的，那是幽精。而既非爽靈，又非幽精的部分，就屬於胎光。

可計算了一生的得失之後，你知道那些終究是要歸零的；快感就更不必說了，找頭豬來都比人懂吃跟播種的快感，這兩者都不足以代表你（對吧？對吧……！？）。

唯有三魂中的胎光，才能讓你真正成為你，成為一個獨特的、世上僅有的你。

那是你的喜好、是你不惜代價也想捍衛的人事物、是你明知道這麼做不賺錢，卻還是忍不住在深吸一口氣後，為之前進的一切。

是你在夜裡莫名掉過的淚、是你在某些時刻下不可理喻的感動、是你不處於忠孝仁愛信義和平的道德綁架時，仍然義無反顧扛起的那些重量。

是你感受過的那些人間溫暖、是被你用肉身擋下的陣陣惡寒、是你在即將歸空之際，能夠因為曾經有過，而此生無憾的種種體驗跟回憶。

各位知道嗎？大道三千，其實豈止三千，但這是某認為最耀眼的一條。

這條道上沒有虛無飄渺的乘雲踏霧，沒有聽起來近似豪洨的拔宅飛昇，在這條道上只有一件事情，那就是你必須是你，必須是……你內心當中，真正想成為的那個你，而不是別人要你成為的那個你。

在前面章節中，我們聊過的那些咒語跟術法，雖然可以作為日常生活的輔助方案，但這件最最最重要的事情，卻始終只能通過我們說的「道」來完成。

可惜的是，自從漢代玩了那齣獨尊儒術之後，儒皮法骨的統治之術大興，道家中最強調生而為人的貴生一派，被有心人打散之後，零落地藏至各處，以避免被政治的力量追殺殆盡。從此以後，我們不再生而為人，只能生而為牛馬，直到君權早已消失的今天，牛馬還是牛馬，甚至進化成了連早上提神的咖啡，都還要自己掏錢買的牛馬。

哭哭喔。

如果可能，某也想把這些被道家高手拆碎藏匿起來的碎片們，重新蒐集起來，為這些委屈已久的胎光，爭取一絲絲喘息，甚至是抬頭的機會。

所有人都希望你能成功，可我只希望……你能快樂。

《地仙修練手冊》，期待與各位相見。

A某

史上最有梗的東方魔法書

奇幻深遠的道門咒語

作者——A 某
副總編輯—— 楊淑媚
設計——張巖、見見
校對——A 某、楊淑媚
行銷企劃—— 謝儀方

總編輯——梁芳春
董事長——趙政岷
出版者——時報文化出版企業股份有限公司
108019 台北市和平西路三段二四〇號七樓
發行專線——（02）2306-6842
讀者服務專線—— 0800-231-705、（02）2304-7103
讀者服務傳真——（02）2304-6858
郵撥——19344724 時報文化出版公司
信箱—— 10899 臺北華江橋郵局第 99 信箱
時報悅讀網—— http://www.readingtimes.com.tw
電子郵件信箱—— yoho@readingtimes.com.tw
法律顧問——理律法律事務所　陳長文律師、李念祖律師
印刷——勁達印刷有限公司
初版一刷——2024 年 6 月 14 日
初版六刷——2024 年 9 月 11 日
定價——新台幣 380 元

史上最有梗的東方魔法書 /A 某作 . -- 初版 . -- 臺北市 :
時報文化出版企業股份有限公司 , 2024.06　面；　公分
ISBN 978-626-396-387-0(平裝)

1. CST: 道教信仰錄

235.8　113007760

時報文化出版公司成立於一九七五年，並於一九九九年股票上櫃公開發行，
於二〇〇八年脫離中時集團非屬旺中，以「尊重智慧與創意的文化事業」為信念。